图解游泳训练

技术与体能训练180项

（视频学习版）

人邮体育　主编

李鑫　彭永胜　编

人民邮电出版社

北京

图书在版编目（CIP）数据

图解游泳训练：技术与体能训练180项：视频学习版 / 人邮体育主编；李鑫，彭永胜编. -- 北京：人民邮电出版社，2023.5
ISBN 978-7-115-60744-7

Ⅰ. ①图… Ⅱ. ①人… ②李… ③彭… Ⅲ. ①游泳－运动训练－图解 Ⅳ. ①G861.102-64

中国国家版本馆CIP数据核字(2023)第060733号

免责声明

内 容 提 要

本书由专业教练编写，精选了180项游泳技术与体能训练方法，致力于为读者提供丰富的游泳学习和教学参考。全书从基础的游泳前后需要进行的热身和放松活动讲起，循序渐进地讲解了熟悉水性、四大泳姿的分解练习及强化训练方法，之后介绍了在比赛或者实际游泳中需要用到的出发、转身与终点技术，以及综合提升运动表现的体能训练方法，旨在帮助游泳爱好者轻松、安全地学习游泳技术并提高技术水平，帮助游泳教练、体育老师等丰富教学方法，提升教学质量。

◆ 主　　编　人邮体育
　　编　　　李　鑫　彭永胜
　　责任编辑　林振英
　　责任印制　马振武
◆ 人民邮电出版社出版发行　　北京市丰台区成寿寺路 11 号
　　邮编　100164　　电子邮件　315@ptpress.com.cn
　　网址　https://www.ptpress.com.cn
　　三河市君旺印务有限公司印刷
◆ 开本：700×1000　1/16
　　印张：14.25　　　　　　　　2023 年 5 月第 1 版
　　字数：370 千字　　　　　　2025 年 11 月河北第 9 次印刷

定价：79.80 元
读者服务热线：(010)81055296　印装质量热线：(010)81055316
反盗版热线：(010)81055315

前 言

　　游泳，它就像运动项目中的诗歌，当你跃入水中，身边所有的事情仿佛在此刻都停了下来，一切喧闹与嘈杂都平静下来，身旁便只剩下潺潺流水声。你的每一次划手，带动着你在水中向前，如同你真的在水面上掠过，这会令你愉悦并沉浸于在水中飞翔的快感之中。

——题记

　　游泳作为被全世界公认的最健康的运动方式之一，其对身体的伤害几乎为零，而运动后带来的益处在诸多运动中也是出类拔萃的。对于不同年龄、不同身体素质的人群而言，游泳运动有助于全面提高身体素质，培养顽强的意志品质，并使人更能感受到游泳项目的独特魅力。这是一项让人受用终生的体育运动和求生技能。

　　游泳是后天学习的动作，不是人类的本能，而是通过练习建立的条件反射。人在水中游泳，在水的包围之中，很难找到参照物去直接观察自己的动作，只是单纯凭感觉去判断自己的动作是否合理。而初学者由于在新的环境中比较害怕，会导致这种感觉很差，自己做了什么动作往往不知道。这种感觉会随着游泳的时间增加而越来越棒，俗话说熟能生巧，游多了，感觉自然就会有。

　　本书提供了多种多样的练习方法，并配有相关图例示范。本书内容涵盖了运动前的热身，初学游泳时进行的熟悉水性练习，四种泳姿的基本技术和强化练习以及对应的出发、转身、触壁等技术细节，水中救生，陆上体能训练和运动后的放松拉伸，以期帮助不同游泳水平的读者享受游泳运动带来的快乐。殷切期盼本书与游泳运动的一线工作者产生智慧碰撞的火花。

　　"天才源于勤奋"，作为运动员，要在各个方面时刻严格要求自己，从生活饮食、规律作息到训练，都需要辛勤付出。无数运动员都在用自己的实际行动向人们表达：人类没有固定不变、不可超越的极限，打破极限，不断超越自己，践行"更快、更高、更强"的奥林匹克精神，是运动员们乃至从事社会各个领域工作的人们不变的追求。

　　同样，任何运动项目的蓬勃发展离不开教练员的辛勤工作和默默耕耘，谨以此文向每一位体育工作者致敬。

扫描右方二维码添加企业微信。
1. 首次添加企业微信，即刻领取免费电子资源。
2. 加入体育爱好者交流群。
3. 不定期获取更多图书、课程、讲座等知识服务产品信息，以及参与直播互动、在线答疑与专业导师直接对话的机会。

目 录

第8章　水上救生

第9章　体能训练

编者简介

在线视频访问说明

第1章

热身与放松

在游泳前做一些热身活动可以使神经兴奋，有效提高身体各部分的机能，还可以在提高运动效率的同时有效避免受伤。运动后进行适当的放松活动，可以有效缓解疲劳，促进身体恢复，有效提高训练效果。下面结合游泳运动的特点有针对性地介绍热身活动。

技巧
001

▶ **颈部伸展**

等级　★☆☆☆☆　　🕐时间　15~20秒

扫一扫，看视频

颈部向右侧
伸展

身体直立，挺胸抬头，右手放在头部左侧，左手自然放于体侧，目视前方。

右手扶头轻轻向右倾斜，使颈部肌群充分伸展。

拉伸后，右手收回至体侧，恢复直立姿势。

💡 **小提示**

感受颈部肌群的拉伸感。注意拉伸力度不要过大，否则容易造成颈部损伤。

换左手放在头部右侧，右手自然放于体侧。

左手扶头轻轻向左倾斜，使颈部肌群充分伸展。回到起始位置，重复练习。

颈部向左侧
伸展

第1章

技巧
002

热 身 与 放 松

▶ **肩部伸展**

等级 ★☆☆☆☆　⏱ 时间　15~20秒

扫一扫，看视频

🔑 **技术要领**

激活肩部肌群

肩部伸展可以激活肩部肌群，同时还可以激活手臂、胸部和背部的肌肉。通过进行肩部伸展练习，可以在游泳运动中更加轻松地做出各种动作，增加肩部的活动范围，使肩部动作更加流畅。

双臂向前环绕

身体直立，挺胸抬头，双手自然放于身体两侧，目视前方。

双臂屈肘抬起，双手指尖分别放在肩部上。

以肩关节为轴，双臂向前环绕。

向前环绕一周后，回到起始位置，然后再向后环绕一周，重复练习。

扫一扫，看视频

技巧
003

▶ **扩胸运动**

等级　★★★★★　　🕐时间　20秒

身体直立，挺胸抬头，双手自然放于身体两侧，目视前方。

双臂屈肘，向上抬至胸部位置，掌心朝下，保持水平的同时向后震动。

双臂打开，与肩部呈一条直线，做后震运动

🔑 **技术要领**

提高划水速度

扩胸运动是通过向后震动手臂的方法锻炼胸部肌群，以胸部内侧的肌肉为中心展开训练，通过练习可以增强划水的原动力，从而提高划水速度。

双臂向两侧平展打开，掌心朝上，再次向后震动。回到起始位置，重复练习。

技巧
004

▶ **大臂伸展**

等级 ★☆☆☆☆　　　⏱时间　20秒

扫一扫，看视频

被拉伸的手臂
保持水平

■ 身体直立，挺胸抬头，双手自然放于身体两侧，目视前方。

■ 左臂屈肘上抬，右臂向左侧伸直，右臂置于左臂内，左臂向后发力，使右臂肌肉有拉伸感。

■ 换对侧手臂重复相同的动作，然后回到起始位置，重复练习。

其他角度

💡 **小提示**

在做大臂伸展动作时，注意手臂不要下垂，否则容易形成反作用力。手臂发力的同时腰部也要随之微微转动，但不能使腰部受力。

5

技巧
005

扫一扫，看视频

▶肱三头肌拉伸

等级　★★☆☆☆　　⏱时间　30秒

向右拉伸

身体直立，挺胸抬头，双手自然放于身体两侧，目视前方。

左臂屈肘越过头部上方置于脑后，右手按在左臂的肘关节处，辅助发力。

向右拉伸至最大幅度，体会肱三头肌的拉伸感。

向左拉伸

🔑 技术要领

目标肌群

此动作通过肩关节后伸锻炼手臂的肱三头肌，增强手臂肌群的柔韧性。重点体会肱三头肌的拉伸感，全程保持均匀呼吸。

换右臂屈肘越过头部上方置于脑后，左手按在右臂的肘关节处，辅助发力。

向左拉伸至最大幅度，然后回到起始位置，重复练习。

第1章

热身与放松

技巧
006

▶ **双臂大绕环**

等级 ★★☆☆☆   ⏱时间 15~20秒

扫一扫，看视频

身体直立，挺胸抬头，双手自然放于身体两侧，目视前方。

双臂向前抬起至肩膀位置，双手掌心朝下。

双臂开始向下、向身后环绕。

💡 **小提示**

无论哪种泳姿，都需要肩关节具有高度灵活性，这样才能扩大划水范围，并做到手臂灵活转动。

双臂继续绕至身体两侧。

双臂从身体两侧绕至头顶上方，完成一次大绕环。新一次的大绕环可继续向前、向下进行，重复练习。

双臂充分打开，从上往后做大绕环

技巧
007

▶ **俯身扬手臂**

等级　★★☆☆☆　　⏱时间　15~20秒

扫一扫，看视频

双臂充分打开

双脚分开，与肩同宽，双手自然放于身体两侧，目视前方。

向前俯身，同时右臂向下伸直，左臂上扬到头顶上方，双臂充分伸展，保持动作至完成3~5次呼吸。

换左臂向下、右臂向上，如此反复交替练习。

其他角度

💡 **小提示**

双臂充分打开伸展，有利于游泳时延长划水距离，提高游进速度。

热身与放松

技巧
008

▶ **腰部伸展**

等级 ★★☆☆☆　　⏱ 时间　20秒

扫一扫，看视频

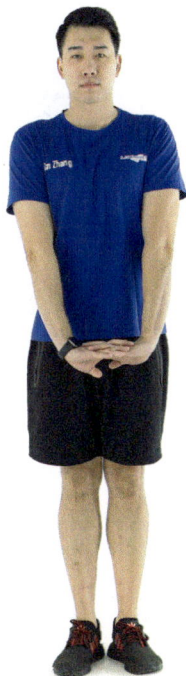

向下伸展至最大限度

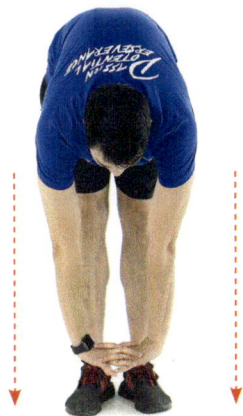

| ▌身体直立，挺胸抬头，双手自然放于身体两侧，目视前方。 | ▌双臂伸直，双手手指在体前交叉，掌心朝下。 | ▌向前俯身，双臂向下伸直，手掌尽量触碰地面，注意不要屈膝。 |

其他角度

🔑 **技术要领**

拉伸目标肌群

此动作以腰部为中心，让身体前屈，这样可以使大腿后侧到背部的肌肉得到伸展。

热 身 与 放 松

扫一扫，看视频

技巧
009

▶ **腰部扭动**

等级 ★★☆☆☆　　⏱时间　30秒~1分钟

身体直立，挺胸抬头，双手自然放于身体两侧，目视前方。接着双臂向前抬起，五指相对。

向左侧转动肩膀，腰髋随之向左侧转动，然后回到中间位置。

身体向左侧转动

身体向右侧转动

双手收回落下，保持身体稳定。

双臂向前抬起，五指相对。

向右侧转动肩膀，腰髋随之向右侧转动，然后回到中间位置。回到起始位置，左右交替，重复练习。

技巧 010

▶ **腹式呼吸**

等级 ★★☆☆☆　　时间 30秒

扫一扫，看视频

吸气

仰卧在瑜伽垫上，双腿屈膝，双手自然放于身体两侧。放松身体，通过鼻子慢慢吸气，一直吸到最大限度，注意胸部不要用力扩张。

呼气

配合压缩腹部，用嘴慢慢将吸入的气体均匀呼出。如此反复练习，吸入气体的时间可以控制为4~6秒，呼出气体的时间可以控制为2~4秒。重复练习。

💡 **小提示**

腹式呼吸比较注重横膈膜的运动，在吸气时通过横膈膜的下压增大胸腔扩张的范围，让空气进入肺部更深的地方。腹式呼吸有利于改善心肺功能，提升肺活量，从而使游泳时呼吸更精进。

技巧
011

扫一扫，看视频

▶平板支撑

等级 ★★☆☆☆ 　⏱时间　30秒

🔑 **技术要领**

目标肌群

平板支撑可以锻炼腹直肌，增强核心肌群的力量和稳定性，还可以有效减少背部损伤。

背部平直

俯卧在瑜伽垫上，双臂屈肘支撑身体，使大臂与地面垂直，双手五指相对。双腿向后伸直，脚尖支撑，背部平直，核心收紧，臀部收紧，身体呈一条直线。

其他角度

💡 **小提示**

练习时，肩部、腰部和踝关节要保持在同一条直线上，大臂垂直于地面，肘关节和双脚脚尖支撑身体，颈部保持放松。

▶仰卧抬腿

等级 ★★☆☆☆　　⏱时间　30秒

💡 **小提示**

背部尽量贴近瑜伽垫，核心收紧，双腿绷紧慢慢向上抬起，双手帮助保持身体平衡。

仰卧在瑜伽垫上，头部放正，双臂伸直放在身体两侧，掌心贴于瑜伽垫上。

腹部发力，带动双腿向上抬起。保持双脚并拢，膝关节伸直。

双腿向上抬起

将双腿上抬至与地面垂直，保持动作10秒左右，然后慢慢放下双腿，至接近地面，重复练习。

13

热 身 与 放 松

技巧
013

▶ **髋关节伸展**

等级 ★★☆☆☆　　🕐 时间　30秒

身体直立，挺胸抬头，双手自然放于身体两侧，目视前方。

左腿屈膝抬起，使大腿与地面平行。腹部收紧，保持身体稳定。

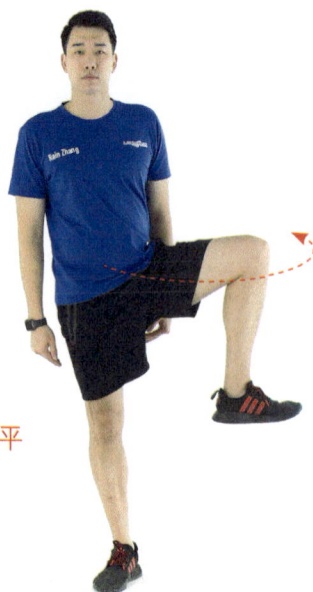

大腿保持水平

手臂和躯干保持不动，左腿向身体左侧水平外展。

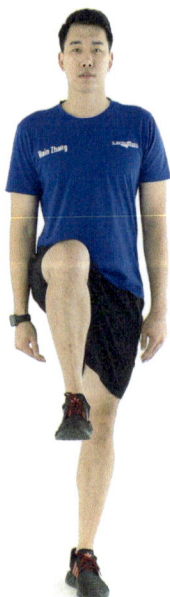

水平外展

💡 **小提示**

练习过程中，支撑腿保持身体平衡，注意抬起腿外展时躯干不要随之转动。

左腿收回放下，然后换右腿屈膝抬起，使大腿与地面平行。

右腿向身体右侧水平外展，然后收回落下，回到起始位置，重复练习。

热身与放松

技巧
014

▶ **俯身摸对侧地板**

等级 ★★☆☆☆ ⏱时间 20秒

🔑 **技术要领**

腰背挺直

从髋关节处折叠身体可以充分打开髋关节，有利于游泳时腿部的摆动。

▌ 身体直立，挺胸抬头，双手自然放于身体两侧，目视前方。

▌ 双臂向上伸直，双手在头顶上方相叠，掌心朝前。

抬起腿与身体
一起旋转

▌ 向左前方俯身，同时右腿向后伸直，左臂摆向身后，右臂摆向身体左前方，左腿保持身体稳定。

▌ 右腿收回落下后，向右前方俯身，同时左腿向后伸直，右臂摆向身后，左臂摆向身体右前方，右腿保持身体稳定。回到起始位置，重复练习。

15

技巧
015

▶ **腿部伸展**

等级 ★★☆☆☆　　⏱时间　30秒

身体直立，挺胸抬头，双手自然放于身体两侧，目视前方。

右腿向后跨一大步，左腿屈膝，使小腿几乎与地面垂直，腹部收紧，保持身体稳定，右腿向下压。

腹部收紧

🔑 **技术要领**

拉伸腿部肌群

拉伸腿部肌群的同时踝关节也会受到相应的拉伸，这可以防止在游泳时出现小腿抽筋的情况，从而使打水动作更加流畅。

右腿收回后，换左腿向后跨一大步，右腿屈膝，左腿向下压。回到起始位置，重复练习。

技巧
016

▶ 腿部平举

等级 ★★☆☆☆   ⏱时间 30秒

身体直立，挺胸抬头，双手自然放于身体两侧，目视前方。

左腿屈膝向上抬起，双手扶在脚踝与小腿处，右腿保持身体稳定。

垂直向上提拉

腹部收紧，双手将左腿垂直向上提拉，保持动作3~5个呼吸。

核心收紧

垂直向上提拉

💡 小提示

保持核心收紧，双手垂直向上提拉腿时，身体重心落在支撑腿上，全程均匀呼吸。

左腿收回落下，换右腿屈膝上抬，双手扶在脚踝与小腿处。

双手将右腿向上提拉，保持动作3~5个呼吸。回到起始位置，重复练习。

技巧
017

▶ **大腿伸展**

等级 ★★☆☆☆　　时间 30秒

扫一扫，看视频

▌身体直立，挺胸抬头，双手自然放于身体两侧，目视前方。

▌左腿向后屈膝，左手扶住左脚背，右臂向上伸直举过头顶，左臂发力，向臀部位置拉伸腿部，直至大腿前侧肌肉有拉伸感。

▌左腿放下，换右腿屈膝，右手扶住右脚背，同时左臂伸直，向上举过头顶，右臂发力，向臀部方向拉伸腿部。回到起始位置，重复练习。

💡 **小提示**

大腿伸展可以锻炼大腿前侧肌肉，从而更好地增加打水的动力。练习时尽量使膝盖朝下，这样热身的效果更好。

热身与放松

第1章

技巧 **018** ▶ **屈膝环抱**

扫一扫，看视频

等级 ★★☆☆☆ ⏱时间 30秒

身体直立，挺胸抬头，双手自然放于身体两侧，目视前方。

左腿屈膝抬起，双手抱住膝盖前，使大腿与地面平行，重心落于右腿。

双手带动左腿向上提起，保持3~5秒。

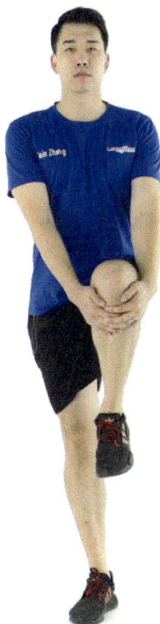

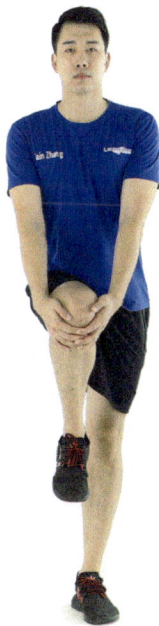

左腿向上提拉

左腿收回落下，回到起始位置。

换右腿屈膝抬起，双手抱住膝盖前，使大腿与地面平行，重心落于左腿。

双手带动右腿向上提起，保持3~5秒。回到起始位置，重复练习。

右腿向上提拉

技巧
019

▶ **侧压腿**

等级 ★★☆☆☆　　⏱ 时间　30秒

扫一扫，看视频

身体直立，挺胸抬头，双手自然放于身体两侧，目视前方。

右腿向右迈步，左腿屈膝，使小腿与地面垂直，同时双臂屈肘，双手在身前抱拳。

右腿伸直，左腿下压

🔑 **技术要领**

身前抱拳

在身前抱拳，有助于收紧核心，并保持身体平衡。此练习可以增强下肢力量及髋关节的灵活性。

左腿伸直，右腿下压

右腿收回，同时换左腿向左迈步，右腿屈膝，使小腿与地面垂直，同时双臂屈肘，双手在身前抱拳。回到起始位置，重复练习。

技巧
020

▶ **弓步伸展**

扫一扫，看视频

等级 ★★☆☆☆　　　⏱时间　15~20秒

身体直立，挺胸抬头，双手自然放于身体两侧，目视前方。

左腿向后迈步，左脚脚尖着地，右腿屈膝，同时双臂在体前屈肘，掌心相对。

保持身体稳定，双臂向上伸直，保持动作3~5个呼吸。

左腿收回，回到起始位置。

始终保持上身稳定

换右腿向后迈步，右脚脚尖着地，左腿屈膝，同时双臂在体前屈肘，掌心相对。

保持身体稳定，双臂向上伸直，保持动作3~5个呼吸。回到起始位置，重复练习。

技巧 **021**

▶ **深蹲**

等级 ★★☆☆☆　　⏱ 时间　20秒

扫一扫，看视频

**始终保持
背部平直**

身体直立，挺胸抬头，双手自然放于身体两侧，目视前方。

双臂向前抬起，与地面平行，掌心相对。

上身前倾，双腿屈膝下蹲，保持背部平直，手臂水平。回到起始位置，重复练习。

其他角度

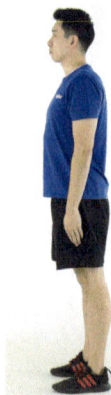  

💡 **小提示**

深蹲可以锻炼大腿肌群，增强腿部力量。练习时要保持背部平直，核心收紧。不要过度抬头，否则会失去平衡。

第1章

热身与放松

▶ 两头起

| 等级 | ★★☆☆☆ | ⏱ 时间 | 20秒 |

身体在瑜伽垫上呈俯卧姿势，双臂向前伸直，掌心贴于地面。双腿向后伸展。

腰背部肌群发力

腰背部肌群发力，带动双臂和双腿向上抬起，抬至最大限度。回到起始位置，重复练习。

其他角度

23

技巧
023

▶ **对侧上举**

等级 ★★☆☆☆　　⏱时间　20秒

扫一扫，看视频

俯卧在瑜伽垫上，双臂与肩同宽，向下伸直，双腿屈膝跪在瑜伽垫上。

右臂向前伸直，同时左腿向后伸直，核心收紧，保持身体平稳。

换左臂向前伸直，同时右腿向后伸直。回到起始位置，重复练习。

🔑 **技术要领**

目标肌群

对侧上举是通过肩关节和髋关节的屈曲与伸展，锻炼肩部和臀部肌群的力量。练习过程中，核心收紧，重心落在支撑手臂和支撑腿上，保持身体平衡，全程均匀呼吸。

第1章

技巧 024

热身与放松

▶摆动踢腿

扫一扫，看视频

等级 ★★☆☆☆　　⏱时间 30秒

仰卧在瑜伽垫上，双臂肘部撑地，支撑头部与上背部抬起，掌心朝内，双腿伸直。

始终保持腹部收紧

双腿上抬到一定高度，左脚开始向上摆动踢腿。注意保持腹部收紧。

动作过程中不要憋气

左脚下摆，右脚同时上摆踢腿。双腿动作交叉进行。

💡 **小提示**

摆动踢腿可以锻炼腹部和大腿的肌肉，这两处肌肉的有效发力，对游泳时保持身体的稳定和打水的力量都有非常重要的作用。

🔽

其他角度

🔽

🔽

技巧
025

▶ **俯卧TYW**

等级 ★★☆☆☆　　⏱时间　30秒

扫一扫，看视频

俯卧在瑜伽垫上，双腿伸直，双臂向身体两侧展开，与躯干呈"T"字形。

手臂保持伸直，向上抬起，同时挤压肩胛骨，感受中背部的肌肉发力。

双臂向头部两侧斜上方伸直外展，手臂与躯干呈"Y"字形。

躯干保持挺直，后背收紧，肩部后侧发力，双臂抬起至与躯干在同一平面。

双臂屈肘向下，使手臂与躯干呈"W"字形。

肩胛骨充分内收，使双臂向上抬起。回到起始位置，重复练习。

▶ 俯卧撑

热 身 与 放 松

扫一扫，看视频

等级 ★★☆☆☆　　　⏱时间　30秒

身体呈俯卧撑姿势，双臂伸直，与肩同宽，双手撑地。双腿向后伸直，脚尖着地，头与脚踝在一条直线上。

垂直下压

腹部收紧，然后屈肘，让身体下沉，使胸部几乎碰到地面，然后快速推起身体。回到起始位置，重复练习。

其他角度

💡 **小提示**

练习过程中，始终保持核心收紧，身体重心位于双手与双脚脚尖上，保持身体平稳。

技巧
027

▶ **整体拉伸**

等级 ★★★☆☆　　⏱ 时间 30秒

扫一扫，看视频

💡 **小提示**

运动过程中保持核心收紧，身体稳定，全程均匀呼吸。

身体直立，挺胸抬头，双手自然放于身体两侧，目视前方。

弯腰俯身，双膝微屈，双手在双脚两侧撑地。

右腿向后伸，脚尖撑地。左腿屈膝，呈弓步姿势。

右臂屈肘，开始外展，直至手臂完全打开

🔑 技术要领

激活全身肌群

整体拉伸是全身性的练习，因为锻炼的部位较多，且热身效果好，可以增强全身的灵活性、柔韧性以及力量，是游泳运动前必备的训练动作之一。

左臂屈肘，使小臂
尽量接近地面

手臂向上打开
至最大幅度

右手手掌撑地，左臂屈肘，使小臂
尽量接近地面。

左臂向后、向上打开，直至手臂完
全伸直，并打开至最大幅度。

恢复为两手撑地的姿势。

回到起始站立姿势后，重复前两个步骤，换左腿向后跨出，脚尖
撑地，右腿屈膝，呈弓步姿势。

右臂屈肘，使小臂尽量接近地面。

右臂向后、向上打开，直至手臂完全伸直，并打开至最大幅度。

右臂收回。回到起始位置，重复练习。

技巧
028

▶ **螃蟹走**

等级 ★★★☆☆　　⏱ 时间　30秒

扫一扫，看视频

双手指尖向后撑于地面，手臂伸直。双腿屈膝90度，双脚和双手支撑整个身体。

左脚和右手同时向前移动，保持腹部肌肉收紧。

右手和左脚同时
向前移动

换右脚向前迈步，同时左手向前移动。移动时注意保持身体平稳，将身体的重心落在双手与双脚上。手脚协调地向前走，如此交替进行，重复练习。

🔑 **技术要领**

有节奏地移动

移动过程中保持身体平稳，速度不宜过快或过慢，避免同侧手脚一起移动。练习螃蟹走不仅可以有效地锻炼身体肌肉，还可以提高身体协调性。在做螃蟹走时应尽量选择地面平整、面积较大的地方，以方便练习。

技巧 029

▶ **跳跃运动**

等级 ★★★☆☆　⏱ 时间　30秒

扫一扫，看视频

身体直立，挺胸抬头，双手自然放于身体两侧，目视前方。

双脚跳开的同时双臂打开

双脚向两侧跳开，同时双臂向身体两侧打开。

💡 **小提示**

注意双臂与双脚的配合，保持良好的节奏。

双臂跟随动作打开，上抬到肩部高度。

双脚向内跳起收回，双臂向上举过头顶。动作恢复时，同样是双脚向两侧跳开再闭合，双臂经身体两侧回到起始位置。重复练习。

技巧
030

▶ **波比跳**

等级 ★★★☆☆　　时间 30秒

扫一扫，看视频

身体直立，挺胸抬头，双手自然放于身体两侧，目视前方。

双腿屈膝下蹲，双臂伸直，掌心贴于地面。

双臂保持不动，双腿同时向后蹬直，脚尖着地，呈俯卧撑姿势，然后做一次俯卧撑。

🔑 **技术要领**

目标肌群

波比跳是高强度的训练，可以锻炼全身肌群，增强全身的爆发力和力量。

💡 **小提示**

练习时注意动作迅速连贯，全程均匀呼吸。

双腿向前收回。

收回后立即向上跳起，保持身体直立。

双脚落下后，回到起始位置，重复练习。

向上跳起

第 2 章
游泳基础

　　游泳是广受大众喜爱的体育项目之一。在学习游泳前，我们要先掌握游泳的基础知识，从岸边打水开始，然后进入水中，接着利用浮板练习，最后脱离浮板。这样循序渐进的练习可以让我们的身体适应水环境，并为后面游泳技术的学习打下良好的基础。

　　基础篇学习过程中应在浅水区进行练习。

技巧
031

▶ 岸边打水

等级　★☆☆☆☆　　⏱ 时间　1~3分钟

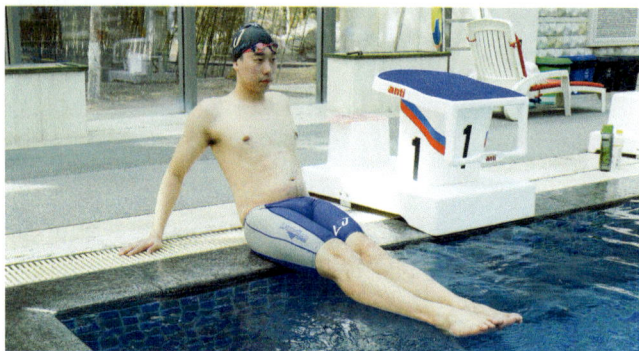

🔑 **技术要领**

髋关节发力

此动作非常适合初学者，练习时坐在池边用髋关节发力，以脚上下交替打水。

point
右腿上打水，左腿下打水

双手撑地坐在池边，双腿前伸，将双腿置于水面上方，脚面打开绷直。

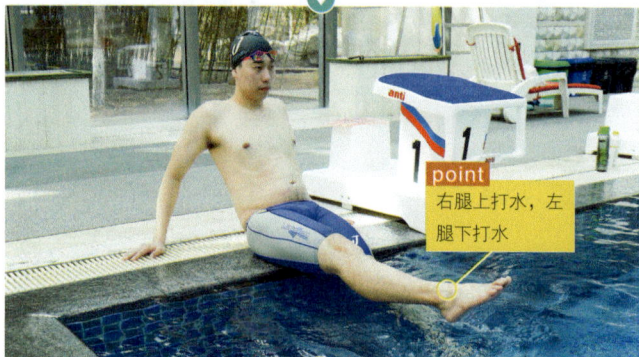

髋关节发力，右侧大腿带动小腿、脚部上摆。左腿下打水至水中。

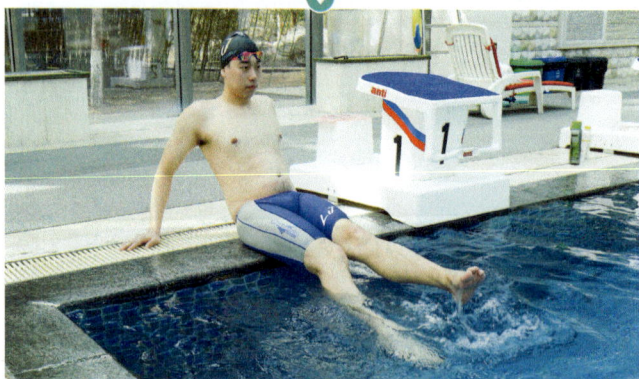

当整个右腿和水平面接近平行时，大腿动作开始向下，进行下打水，然后换左腿发力向上方摆动。运用髋关节的力量上下交替打水。

💡 **小提示**

坐在岸边用脚上下打水，这个动作不但能帮助初学者熟悉水性，还能使其初步掌握游泳打水的要领。打水时注意放松身体，感受水性。

游泳基础

▶扶住池边入水

等级 ★☆☆☆☆　　⏱时间　30秒~1分钟

背对泳池站立，双手扶住入水栏杆，双脚站于第一阶，目视前方。

point
左脚下落

双手紧握栏杆，左脚下落至第二阶。

右脚下落至第三阶。

双脚交替下落至水中。

技巧
033

等级 ★★☆☆☆　　⏱时间 2分钟

▶ # 浮板水性练习

扫一扫，看视频

体会身体在水中漂浮的感觉，从中感受水的浮力，进一步感知水的特性。

🔑 技术要领

保持身体平稳

浮板可以在水中为身体增加浮力，练习时注意保持身体平衡，重心不要偏移，确保双脚能及时触及池底并站稳。

双手握紧浮板，使浮板贴在腹部与胸部前方，身体逐渐下降，直至肩膀没入水中，双腿屈膝，大腿尽量向浮板靠近，双脚离开池底，让身体自然浮起。

第2章

游泳基础

技巧
034

▶ **水中站立行走**

等级 ★★☆☆☆　　⏱时间 5分钟　　👆次数 适度

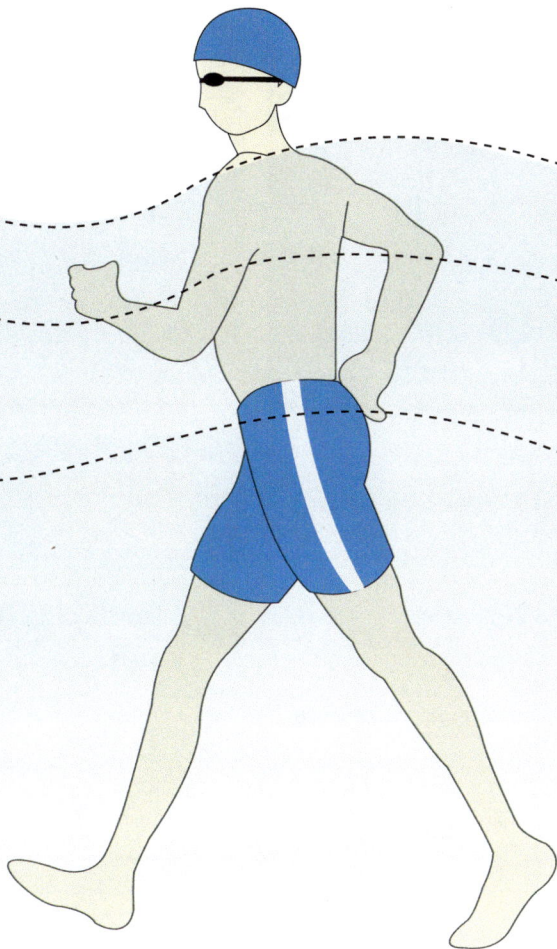

入水后，浸水至肩膀，在水中慢慢站稳，然后慢慢地向前、后、左、右行走。这样做不但可以慢慢地体会水的触感，还能体会水对身体产生的阻力，逐渐掌握水性，克服恐惧心理。水深从腰部过渡到胸部、肩部，逐渐增加难度。

💡 **小提示**

向前行走时步伐要大，向后倒退时步伐要小；向左右两侧行走时，可以伸开双臂，先向左或向右踏出一步后，另一只脚再跟过来，**避免溺水**。

技巧
035

▶ **呼吸练习**

等级 ★★☆☆☆　　⏱ 时间　5分钟

扫一扫，看视频

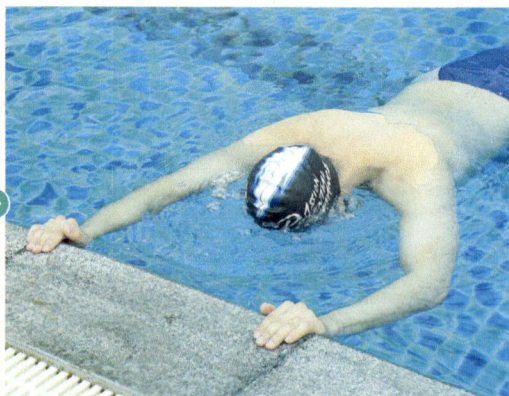

双手扶住池边，双腿向后伸直，腹部发力使身体平稳地漂浮在水面，头部抬起，深吸一口气。

头部浸入水中，憋一小会儿气。

用口鼻向外慢慢呼气，同时头部向上抬起。当嘴部即将露出水面时，用力将剩余气体呼出。

憋气感到困难时，头部抬出水面，重复整个呼气换气的过程至规定次数。

point
呼气的同时向上抬头

💡 **小提示**

注意在换气的过程中，吸入的空气不要过多，否则会导致在水中憋气的时间较短。尤其是初学者，在练习时要控制吸入空气的量，这样新吸入的空气在肺部可以压缩，增加憋气的时间。

技巧
036

▶ 浮板呼吸练习

等级 ★★★★★   ⏱时间 2分钟

扫一扫，看视频

双臂在头顶前方伸直，双手握紧浮板，双腿向后伸直，保持流线型身体姿势。深吸气，然后将面部浸入水中，憋气保持。

point
呼气完毕后抬头
再次吸气

憋气感到困难时，在抬头的同时将气体完全呼出，面部露出水面后再次吸气。此过程中保持双腿打水动作。如此反复进行练习。

▶ **憋气练习**

等级 ★★☆☆☆　　　⏱时间 1分钟

扫一扫，看视频

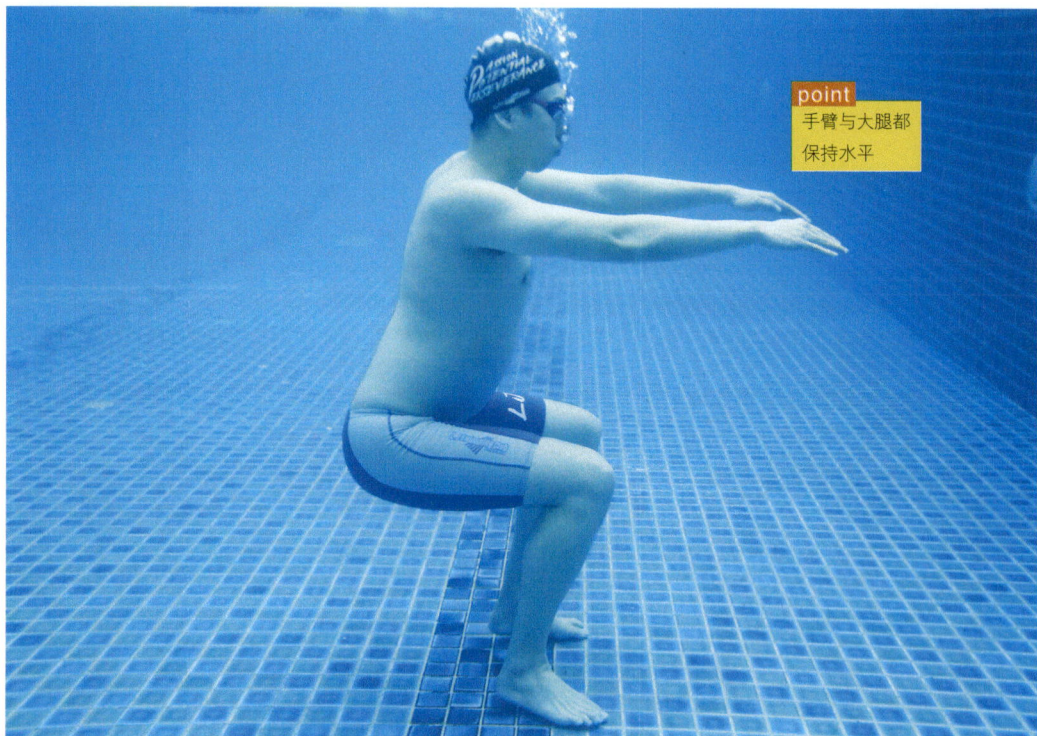

point
手臂与大腿都
保持水平

站于泳池中，深吸一口气，双腿慢慢屈膝降低身体重心，双臂向前伸直，使头部没入水中，保持手臂和大腿水平，在池底憋气一段时间。感到憋气困难时（练习者应根据自身的情况灵活调整每次憋气的时间，不要过分追求时长。所有练习均应在确保安全的前提下进行），呼气，然后站起。

💡 **小提示**

此练习不但可以对呼吸练习起到巩固作用，还可以帮助初学者观察水中的情况。初学者在练习时可以让教练陪同一起潜入水中，初步感知在水中的视野，克服怕水心理。在练习时注意手臂和大腿都保持水平，躯干挺直，身体重心平稳，掌握在水中的平衡感。

❌ **错误动作**

手臂倾斜，身体重心不稳。

第2章

游泳基础

技巧
038

▶ **俯卧位恢复站立**

等级 ★★☆☆☆　　時間 1分钟

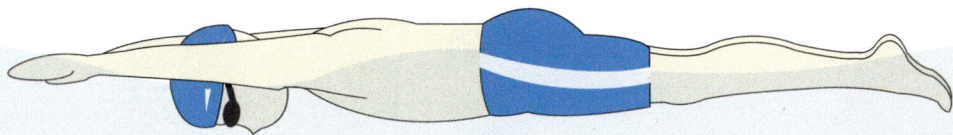

身体漂浮在水面上，双腿向后伸直，双臂向前伸直，头部面向池底。保持背部平直，身体放松，以流线型身体姿势俯卧漂浮于水面上。

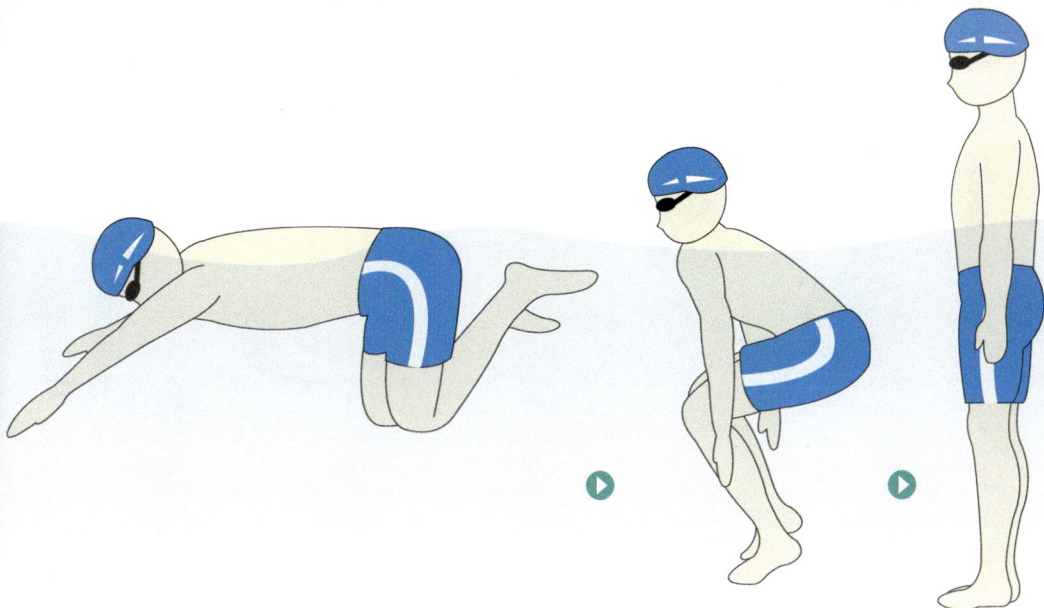

双臂和双腿慢慢收回，膝盖弯曲，向腹部靠近，同时双臂向后方划水，然后双腿向下伸直，双脚踩在泳池底部，头部露出水面，身体恢复站立。

▶仰卧位恢复站立

等级 ★★☆☆☆　　　⏱时间　1分钟

双臂置于身体两侧，身体向后倒，同时双腿交替打水，目视上方。保持背部平直，核心收紧，使身体以仰卧姿势自然漂浮于水面上。

双腿慢慢收回，膝盖向腹部靠近，同时双臂向前划水，然后双腿向下伸直，双脚踩在泳池底部，身体恢复站立。

第2章

技巧
040

游泳基础

▶ **指尖触碰池底**

扫一扫，看视频

等级 ★★☆☆☆　　🕐 时间　1分钟

point
双臂伸直，指尖
触碰池底

站于泳池中，深吸一口气，双腿慢慢屈膝下蹲，将身体逐渐浸入水中。背部平直，双臂向下伸直，指尖触碰池底，在池底憋气一段时间。感到憋气困难时（练习者应根据自身的情况灵活调整每次憋气的时间，不要过分追求时长。所有练习均应在确保安全的前提下进行），呼气，然后站起。

✕ **错误动作**

双手未触碰池底。

双臂未伸直。

背部未挺直，身体重心不稳。

技巧 **041**

等级 ★★☆☆☆　　⏱时间 1分钟

▶俯卧漂浮

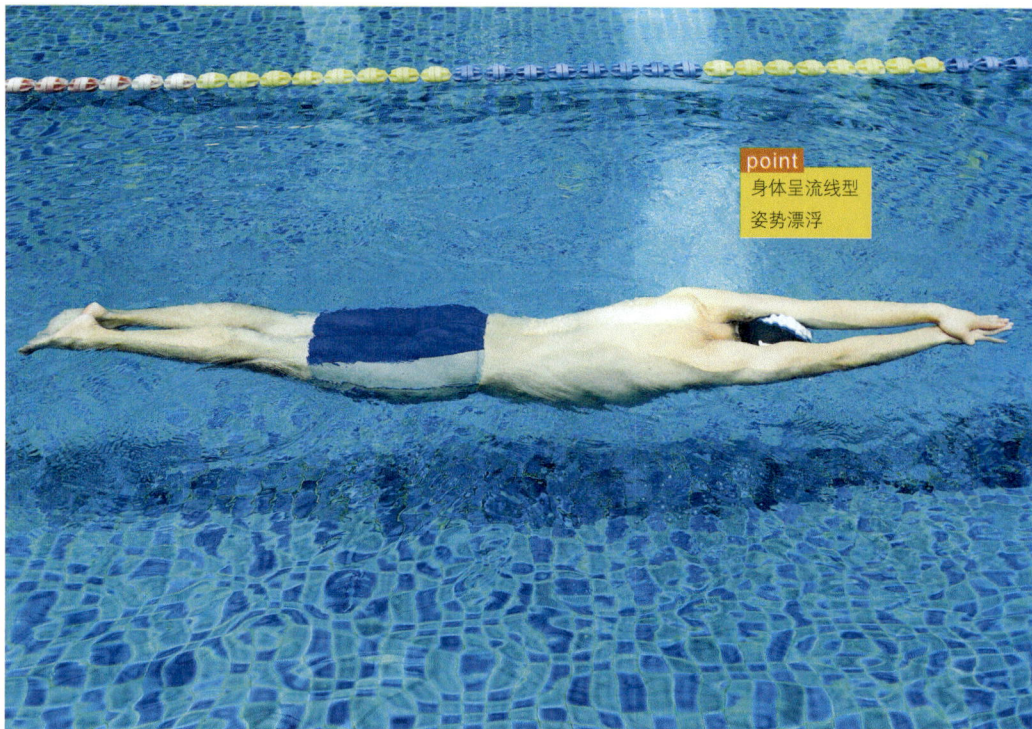

point
身体呈流线型
姿势漂浮

站立于泳池中，深吸气，双腿屈膝，双手抱膝。待身体稳定后，双腿向后伸展，双臂向前伸展，双手上下交叠。身体放松，呈流线型姿势俯卧漂浮于水面。

🔑 **技术要领**

流线型手臂姿势

流线型手臂姿势可以保持身体稳定，减小游进时受到的水的阻力，使游进速度得到提升。正确的流线型手臂姿势为双臂夹在头部两侧向前伸直，双手手掌相叠，掌心朝下。注意让身体充分体会游泳时的漂浮状态，以便日后加以运用。

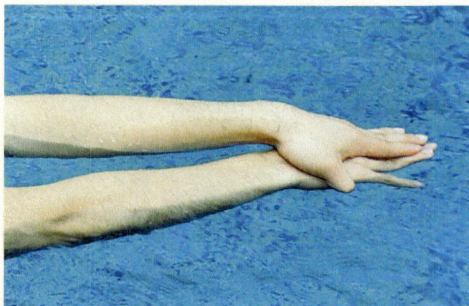

游泳基础

▶大字形俯卧漂浮

等级 ★★☆☆☆ ⏱时间 1分钟

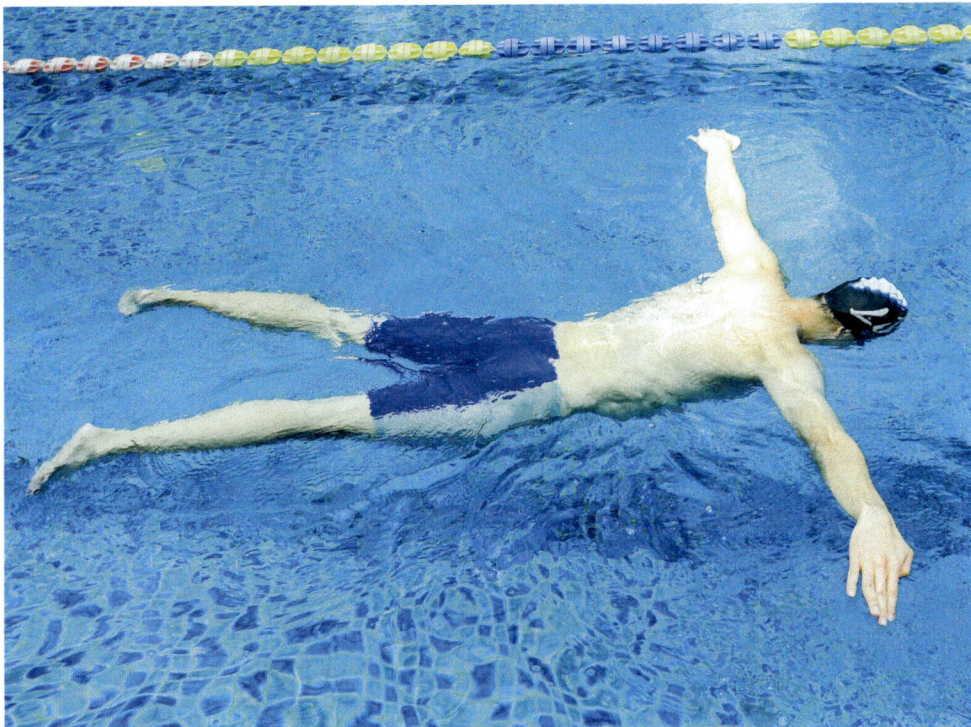

站立于泳池中，深吸气，双腿屈膝，双手抱住膝关节。待身体稳定后，双臂向两侧伸直打开，同时双腿向后伸直，向两侧打开。身体保持放松状态，呈大字形俯卧漂浮于水面。

💡 小提示

此动作是俯卧漂浮的进阶版。在刚开始练习时，可能会出现身体下沉的情况，这时要憋住气，因为身体在短暂下沉后会浮起。

point
双手和双脚打开

技巧
043

▶ **浮板仰卧漂浮**

等级 ★★☆☆☆   ⏱时间 1分钟

站立于泳池中，双臂前伸十字交叉放在浮板上，双手握住浮板前端两侧，身体保持稳定。

point
保持身体放松，
在水面漂浮

深吸气，头向后仰，双腿伸直浮起。浮板紧贴腰腹部，身体放松，憋气，自然浮于水面上。通过练习，腰腹部肌群的力量可以得到增强，保证身体上浮。

第2章　游泳基础

技巧
044

▶ **仰卧漂浮**

扫一扫，看视频

等级 ★★☆☆☆　　　⏱时间　1分钟

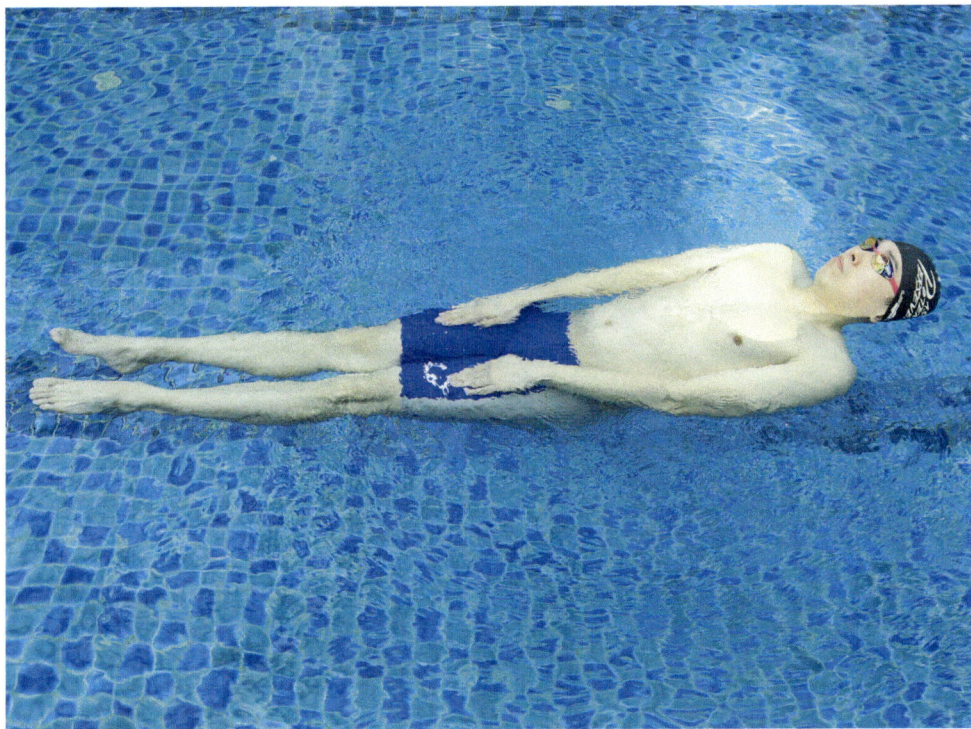

站立于泳池中，深吸一口气，头部后仰，双腿伸展，双手放在大腿上方。身体放松，憋气，身体呈仰卧姿势在水面漂浮。

🔑 **技术要领**

手臂姿势

在做仰卧漂浮动作时，双手贴紧大腿可以保持身体平稳，避免腰部下沉。正确的手臂姿势为双臂伸直，双手五指并拢，手掌向下置于大腿上，两手臂间距略小于肩宽。

💡 **小提示**

此练习主要针对仰泳姿势，进行此练习可以初步掌握将面部露出水面进行漂浮的技巧。如果在练习时出现腹部肌肉力量不足，导致腰部下沉的情况，可以通过训练增强腹部肌群的力量，以保证身体上浮。

▶大字形仰卧漂浮

等级 ★★☆☆☆　　🕐时间　1~3分钟

point
身体呈大字形

站立于泳池中，深吸一口气，头部后仰，待身体稳定后，双臂向两侧伸直打开，同时双腿伸直，向两侧打开。身体放松，呈大字形仰卧漂浮于水面。

🔑 技术要领

呼吸节奏

练习时要注意控制好呼吸节奏，呼吸不要过快，配合身体有节奏地进行呼吸，让身体感受在呼和吸时不同的漂浮感。漂浮时还可以调整手臂的位置，从向两侧打开，到双臂并拢，从而更加深入地感受肢体对漂浮的影响。

💡 小提示

在做大字形仰卧漂浮时，注意头部平躺在水面上，下巴微微抬起，肩关节要打开，躯干挺直。保持腰腹和臀部肌群收紧，将臀部向上顶起，防止腿部向下沉，以找到漂浮的感觉。

第2章

技巧 046

游泳基础

▶ **扶住池边打水**

扫一扫，看视频

等级 ★★☆☆☆　　　⏱时间 1~3分钟

💡 **小提示**

练习者可以初步体会在水中打水的感觉，打水时用髋关节发力，双腿交替用脚背与脚掌打水。

point
右脚上打水，左脚下打水

站立于泳池中，双手扶住泳池边缘，抬起头部，肩部放松，双脚以脚尖支撑，在池底站稳。

双腿借助水的浮力脱离池底向后伸直，与躯干形成一条直线。髋关节发力，右腿大腿带动小腿进行上打水，左腿下打水。

当整个右腿与水平面接近或基本平行时，换左腿发力上打水。双腿轮流打水。注意用脚背与脚掌打水。

▶ 扶住池边浸水打水

等级　★★☆☆☆　　⏱时间　1~3分钟

扫一扫，看视频

💡 **小提示**

头部浸入水中练习打水可以让练习者体会打水时的呼吸节奏。练习时面部浸入水中，身体在水中呈一条直线。注意抬头换气时上身不要用力，否则会导致身体下沉。

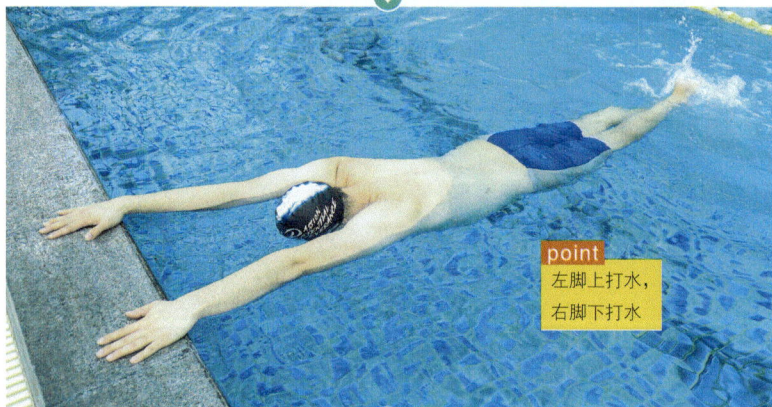

point
左脚上打水，
右脚下打水

站立于泳池中，双手扶住泳池边缘，抬起头部，肩部放松，双腿在池底站稳。

深吸一口气，面部浸入水中，双腿向后伸直，憋气，双腿借由髋关节发力，左腿上打水，右腿下打水。

当整个左腿与水平面接近或基本平行时，换右腿发力上打水。双腿交替打水，注意换气。

第2章

游泳基础

技巧 048

▶ **水中滑行**

等级 ★★☆☆☆

🕐时间 1分钟

扫一扫，看视频

小提示

练习过程中，双臂向头部前方伸直，背部保持平直，着重体会和掌握滑行时的流线型身体姿势。

point
下巴上抬，双臂外划抱水

站立于泳池中，双臂向前打开。肩部放松，目视前方，身体保持稳定。

双腿屈膝向腹部靠近，双臂由内侧向外划，进行抱水，身体团起，呈俯卧姿势漂浮于水面。

利用腹部的力量，让身体漂浮起来。双臂外划后，向内划。

深吸气后头部浸入水中，双腿向后伸展，双臂向前伸直，将头部夹在中间，身体呈流线型姿势。保持姿势使身体向前滑行。

▶蹬池底浮板滑行

等级 ★★☆☆☆　　⏱时间　1分钟

扫一扫，看视频

身体背对池壁站立，双臂向前伸，双手握紧浮板。双脚踩住地面，脚跟向上抬起，保持身体平稳。

深吸气，双腿屈膝，使头部没入水中，保持憋气。双臂伸直，夹在头部两侧。

🔑 技术要领

浮板的作用

浮板对于游泳技术的提升有很大的作用，不仅可以用于提供浮力，还可以用于纠正前伸手臂跑偏问题，保持身体平衡。

双脚蹬住池底，将身体重心向前上方推动。

在双脚蹬池底的作用下，双脚踩在池壁上，身体向前上方跃出，上身舒展开。

point
颈部放松，看向池底

双脚用力蹬离池壁，身体随之向前上方游进，直至双脚向后伸直，身体呈流线型姿势，保持滑行。

53

技巧 **050**

▶ **蹬池底滑行**

等级 ★★☆☆☆　　⏱时间　1分钟

扫一扫，看视频

point
双腿屈膝下蹲，
双臂屈肘

身体背对池壁站立，双脚踩住池底，脚跟向上抬起。深吸气，双腿屈膝，头部没入水中，双臂自然屈肘。

双腿继续屈膝，身体随之向下移动，下巴内收，头部向下，双臂屈肘上抬。

💡 **小提示**

在蹬离池底时注意保持双腿并拢，双脚发力，这样才能带动身体滑行更远的距离。

point
双脚蹬住池底准
备起身

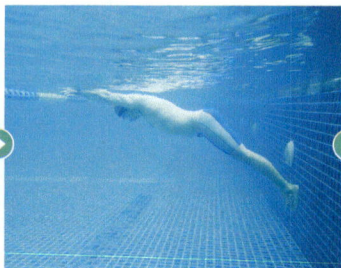

双脚用力蹬住池底，同时双臂向上伸直，从两侧夹住头部，上身呈俯卧姿势。

在双脚蹬池底的作用下，双脚踩在池壁上，身体向前上方纵出，上身舒展开。

双脚发力蹬离池底，使身体向前上方游进，直至双腿向后伸直，身体呈流线型姿势，保持滑行。

🔑 **技术要领**

滑行要点

入水前要吸足气，在水中保持憋气，双臂和双腿伸直，身体展开，向前滑行一段距离。在滑行过程中注意下巴内收，身体呈流线型姿势。

第2章 游泳基础

技巧 051

▶ 单脚踩水

扫一扫，看视频

等级 ★★★★★　　⏱时间 1分钟

站立于泳池中，头部以下部位浸入水中。双臂前伸，右腿屈膝向后弯曲，左腿向前、向内进行蹬夹。

左腿屈膝收腿向后弯曲，同时右腿做向前、向内的蹬夹动作。如此交替踩水，双臂始终保持前伸。

其他角度

💡 **小提示**

单脚踩水的蹬腿和收腿幅度要比蛙泳的蹬夹腿幅度小。踩水时，膝部向外翻；蹬腿时，膝部向内收。双脚轮流踩水时身体的浮动不是很大，大腿运动的幅度也较小。
学会蛙泳后，进行此练习。

技巧
052

▶ **双脚踩水**

等级 ★★☆☆☆　　⏱ 时间　1分钟

扫一扫，看视频

point
躯干与水面垂直，
上身略微前倾

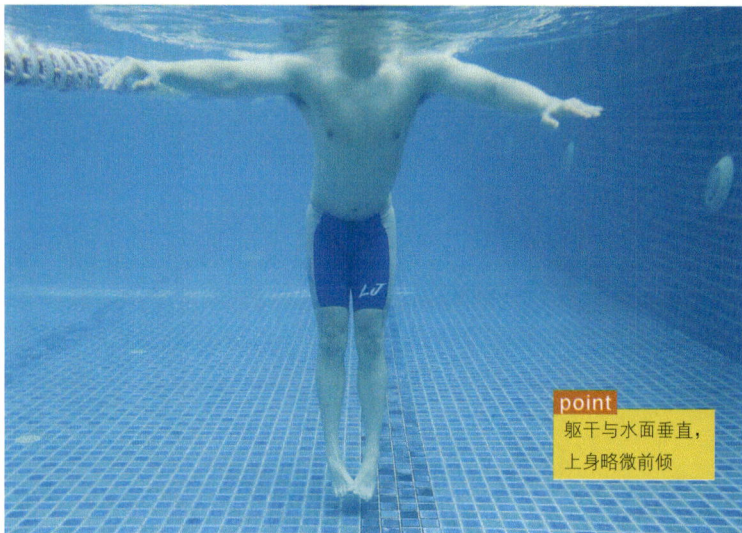

站立于泳池中，头部以下部位浸入水中。双臂向前打开。双腿向下伸直，双脚脚尖并拢，保持身体平稳。

双腿屈膝，小腿向内、向下蹬夹水。双臂配合向两侧划水。

在双腿尚未蹬直时，重复踩水动作。如此循环练习。

💡 **小提示**

双脚踩水也被称为立泳，因为身体在水中接近直立姿态，同时其蹬腿动作与蛙泳的蹬夹腿动作基本相同，只不过后者是俯卧打腿，前者是身体直立打腿。

🔑 **技术要领**

动作原理

双脚踩水的原理是，入水后躯干尽量垂直于水面，上身稍向前俯，让头部一直处于水面上。
学会蛙泳后，进行此练习。

第 3 章

自由泳

自由泳比赛中不限制泳式，大多数参赛者更倾向于用游进速度最快的爬泳进行比赛，所以爬泳有时也被称为自由泳。

技巧
053

▶ **自由泳腿部动作**

等级 ★★☆☆☆　　⏱时间 2~3分钟

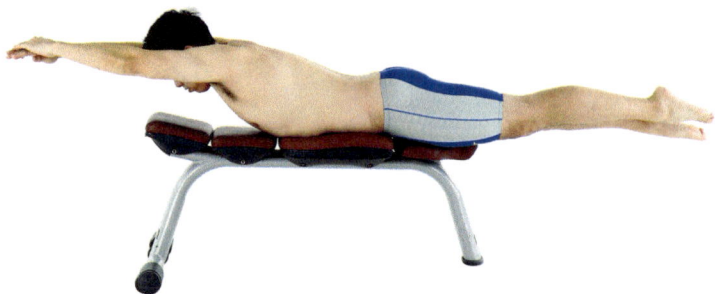

俯卧于训练椅上，双臂向前伸直，左手置于右手上，双腿向后伸直，双脚脚背绷直，脚尖稍朝内。

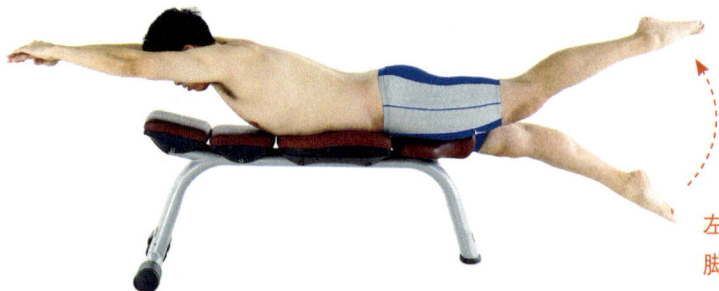

左腿髋关节发力，大腿带动小腿向上摆，进行上打水，膝部可以微屈，但脚踝不能屈曲，同时右腿下打水。

左腿上打水，膝部微屈，脚背绷直

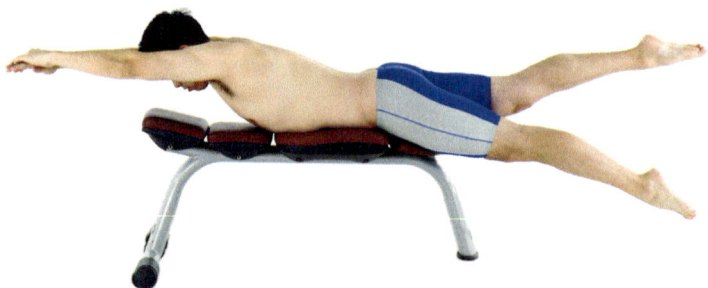

左腿上打水完全伸直时，大腿停止向上，小腿在惯性的作用下还会有向上打水的效果。然后左腿转为下打水，右腿进行上打水。如此交替进行打水练习。

🔑 **技术要领**

控制小腿惯性

上打水至脚掌接近水面位置，注意小腿不要露出水面，如果打水幅度过大，身体会下沉。

其他角度

自由泳

▶陆上腿部动作

等级 ★★☆☆☆　　⏱时间 2~3分钟

腿伸直，脚尖绷紧

坐在训练椅上，双手扶在身体两侧，保持平衡。双腿平行向前伸直，绷紧脚尖。

髋关节发力，左腿大腿带动小腿上摆，进行上打水。同时右腿下摆，做下打水动作，脚尖始终保持绷紧。

✕ 错误动作

腹部与大腿之间的距离过近，会导致阻力增大，影响游进速度。

左腿完全伸直时，大腿停止上移，左腿转为下打水。同时右腿进行上打水，如此交替进行打水练习。

💡 小提示

下打水过程中保持脚尖绷紧，用脚背打水，这样可以借助水的反作用力向前游进。注意不要勾脚，否则会产生阻力使身体向后移动。

自由泳

▶ 抱板打水练习

等级 ★★☆☆☆ ⏱时间 2~3分钟

扫一扫，看视频

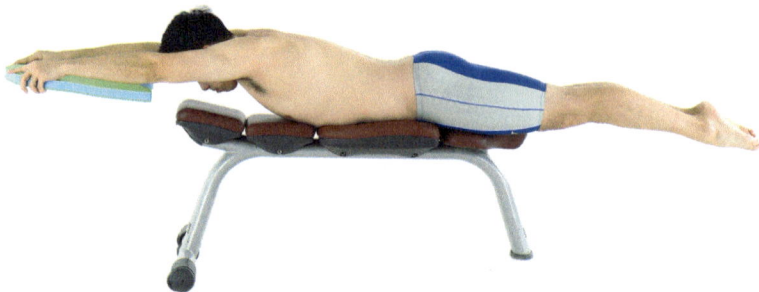

俯卧于训练椅上，双手握住浮板向前伸直，双腿向后伸直，脚背绷直，稍内旋。腹部收紧，保持身体平稳。

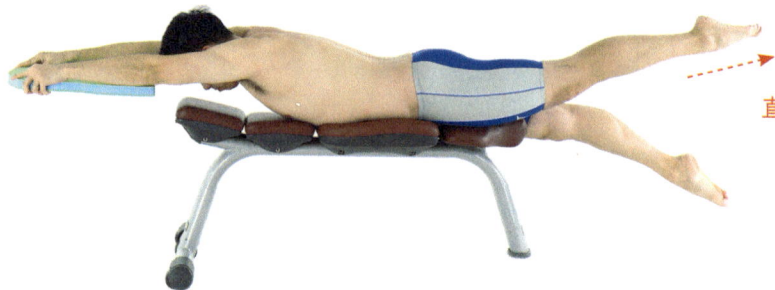

直腿打水，脚背绷直

左腿髋关节发力，大腿带动小腿向上摆，进行上打水。踝关节伸展但保持放松。右腿下打水直至膝关节伸直。

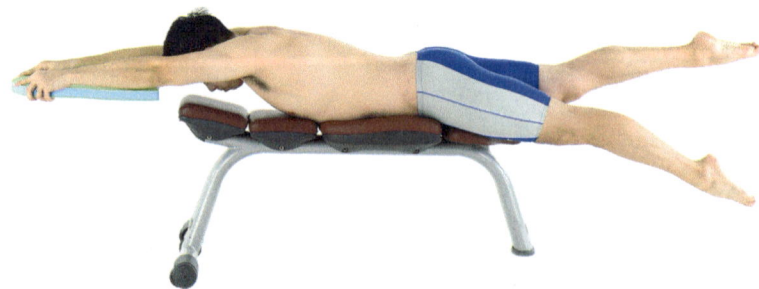

左腿上打水完全伸直时，大腿停止向上，左腿转为下打水。右腿同时转为上打水。如此交替进行打水练习。

💡 小提示

在游进过程中，如果腹部没有用力，会导致双腿下沉。抱板打水练习可以给予身体支撑力，使躯干保持挺直，腹部收紧。注意在不借助双臂力量的情况下，感受腿部打水的感觉。

✗ 错误动作

打水时脚背未绷直，勾脚打水。

第3章 自由泳

▶转肩

技巧 **056**

等级 ★★☆☆☆　⏱时间 1分钟

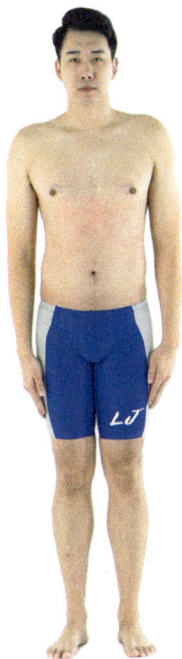

双脚自然分开，挺胸抬头，双手放于身体两侧，目视前方。

肩膀向左转动

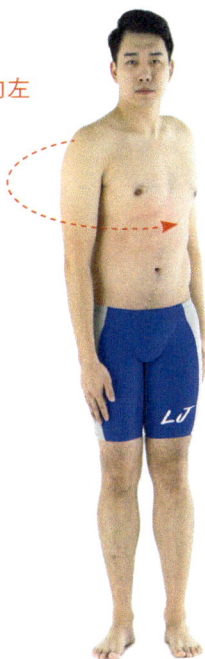

双臂和头部保持不动，肩膀慢慢向左转动。

肩膀向右转动

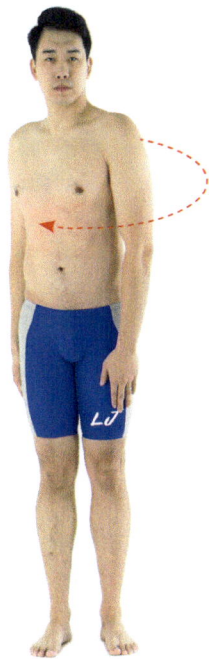

回到起始位置，再向右转动肩膀。如此反复练习，重复规定的次数。

其他角度

🔑 **技术要领**

流畅转肩换气

做转肩动作时，尽量只转动肩膀，因为颈部转动的范围是有限的，但是肩膀可以大幅度转动。转肩动作熟练后，我们在换气时才能更加自然流畅。

自由泳

▶侧头换气

技巧 057

等级 ★★★★★　　⏱时间　1分钟

双脚分开，与肩同宽，右臂向前伸直，左臂放于体侧，上身向前俯，目视下方。

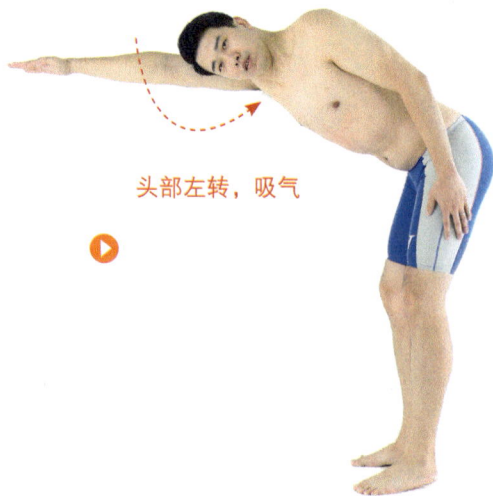

头部左转，吸气

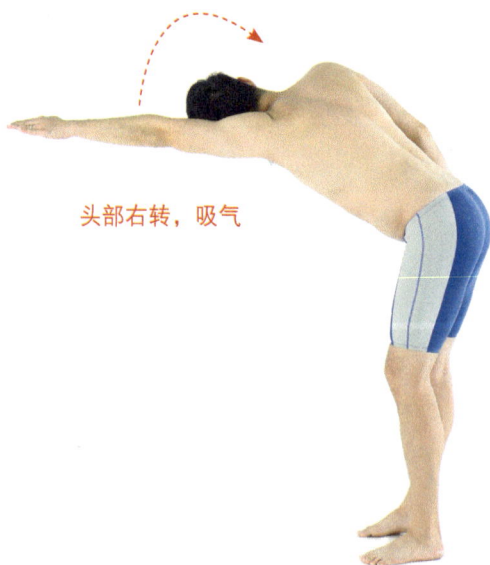

肩部带动上身向左侧转动，此时头部处于可以露出水面的高度，吸气。

头部右转，吸气

肩部带动上身向右侧转动，此时头部处于可以露出水面的高度，吸气。

头部左转并入水，吐气

吸气后，肩部带动上身向左转动，恢复向前俯身，头部进入水中，吐气。

🔑 技术要领

左右轮流呼吸

自由泳采用的是侧向转头进行呼吸的方式，不容易适应。大多数运动员都会有向呼吸一侧转动幅度较大的情况，所以最好采用左右两侧轮流呼吸的方式让身体转动均匀，保持平稳。

头部右转，吐气

吸气后，肩部带动上身向右转动，恢复向前俯身，头部进入水中，吐气。

换左臂向前伸直，右臂放在体侧。

💡 小提示

在做侧头换气动作时，要将下巴抬起，露出口鼻部位，如果下巴位置过低，没有使口鼻露出水面，可能会引发呛水，手臂的划水动作也会受到影响。

其他角度

自由泳

▶自由泳高肘移臂

等级 ★★☆☆☆　　⏱时间 2~3分钟

扫一扫，看视频

双脚分开，与肩同宽，双臂向前伸直至与肩部保持水平，掌心朝下，上身向前俯。

以肘为支点，手掌与小臂对准水的方向，左臂沿着身体中线呈曲线将水划至胸前。

左臂屈肘，做下滑抓水

point
左手前伸后准备斜插入水

出水后左臂屈肘，借助肩关节自然内旋，左臂在空中向前移动。

在越过肩后左臂前伸，恢复起始姿势，整个移臂的动作放松自然。

技术要领

入水点

手臂的入水点可以在肩胛骨的延长线上，手臂入水时，肩胛骨随着手臂尽量向前伸。如果入水点偏内或者偏外，会导致身体不能平稳地游进。

左臂继续向下推至大腿

用手掌将划过来的水灵活地由胸部向后推至大腿一侧，直至手臂接近水面。

将左手掌心转向身体，运用大臂的力量带动肘部向上提拉。小指先出水，接着手与小臂逐渐被拉出水面。

point
左臂屈肘，向上提拉，肘部充分前送

其他角度

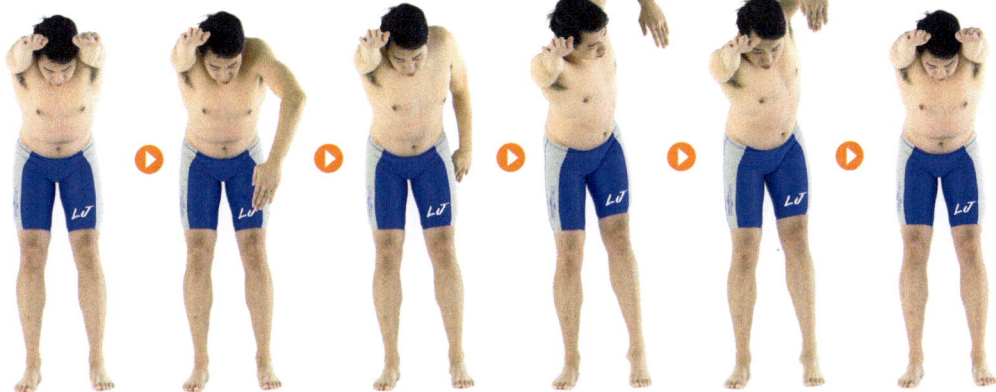

自由泳直臂移臂

等级 ★★☆☆☆　　　⏱ 时间 2~3分钟

扫一扫，看视频

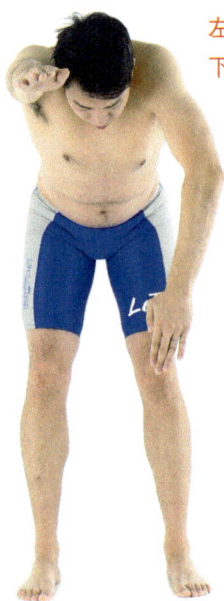

左臂屈肘，做下滑抓水

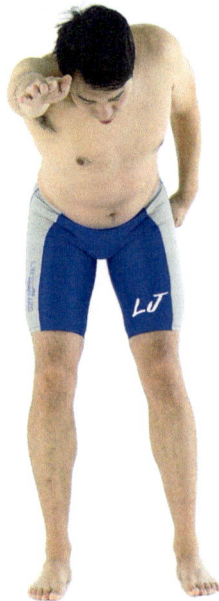

双脚分开，与肩同宽，上身向前俯，头部向下。双臂向前伸直，与肩保持在同一水平面上。

右臂保持不动，左臂屈肘，手掌与小臂对准水的方向，沿身体中线向前、向下划。

左臂下划后，再向后划至大腿一侧，使手臂接近水面。

🔑 技术要领

空中移动

直臂出水动作在空中移动速度快，能够有力地促进身体转动，加快划水速度，增大划水幅度，特别适合初学者练习。

其他角度

出水后手臂伸直，然后向头部前方移动。整个过程
迅速连贯，中间不要有停顿。

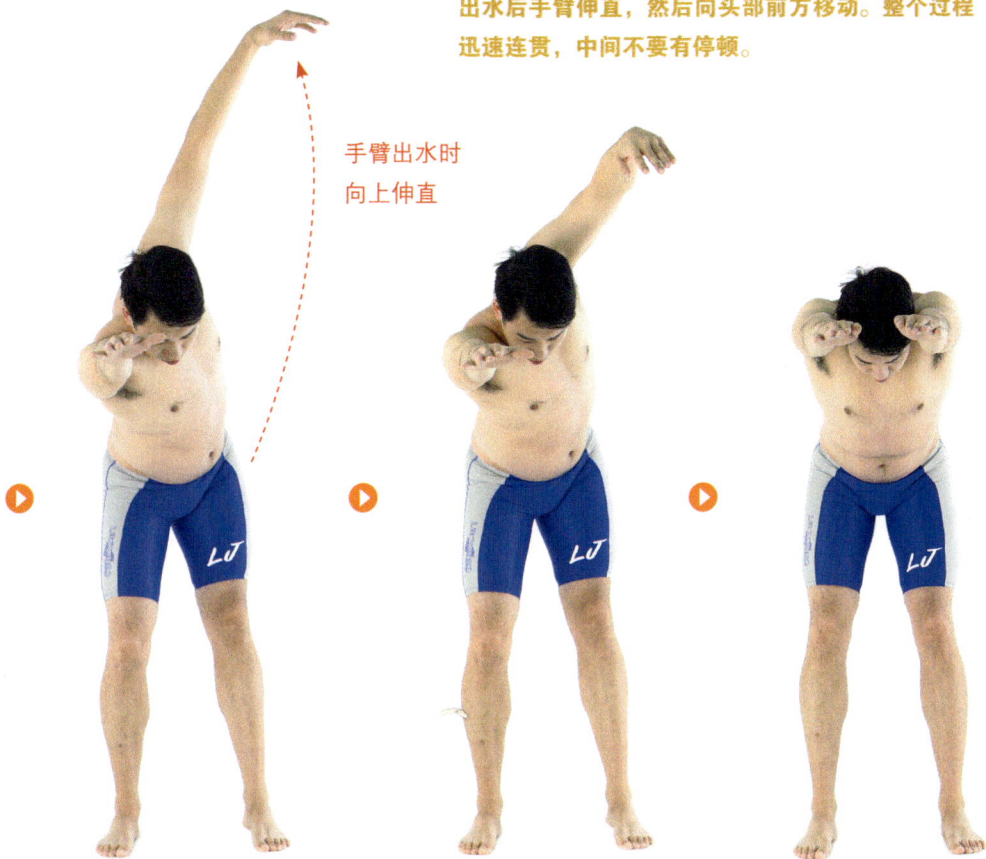

手臂出水时
向上伸直

左臂以大臂带动小臂和手部直臂出
水，上身随之略微左转，左臂移出
水面向上伸直。

出水后，左臂以扇形轨迹向头部前方移动。左臂前伸至头部前方，借助肩关节
的自然内旋，上身转向正面并向下俯，回到起始位置。

自由泳

▶单手浮板练习（左臂）

等级 ★★☆☆☆ ⏱时间 2~3分钟

左臂屈肘，做
下滑抓水

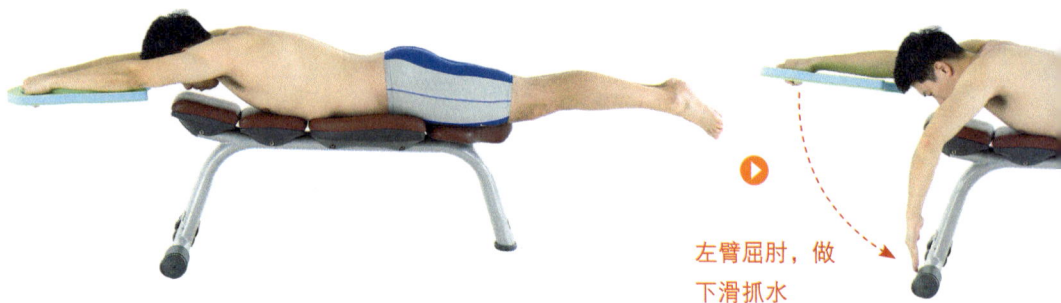

俯卧于训练椅上，双手握紧浮板向前伸直，双腿向后伸直。保持背部平直，身体放松，目视下方。双脚脚尖绷直，脚尖稍朝内。

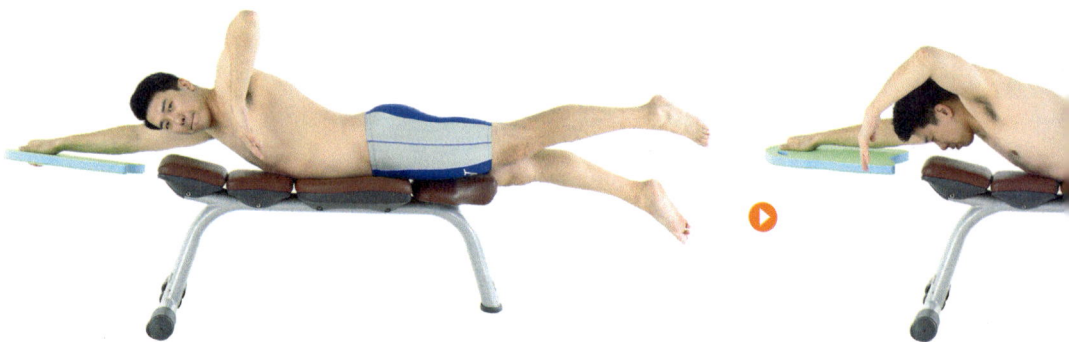

将左手掌心转向身体，运用大臂的力量带动肘部向上提拉。小指先出水，接着手与小臂逐渐被拉出水面，双腿交替打水。

🔑 技术要领

头部入水时不要吸气

在手臂划出水面时，刚好头部转出水面进行换气，手臂在空中移动直到头部再次入水的过程中，不要吸气，防止呛水。

手腕在入水时弯曲，会导致手背把水推向前方，从而降低游进速度。正确做法是手腕伸直入水，从拇指到手掌再到手腕向前方划入。

左臂继续后推，同时转头吸气

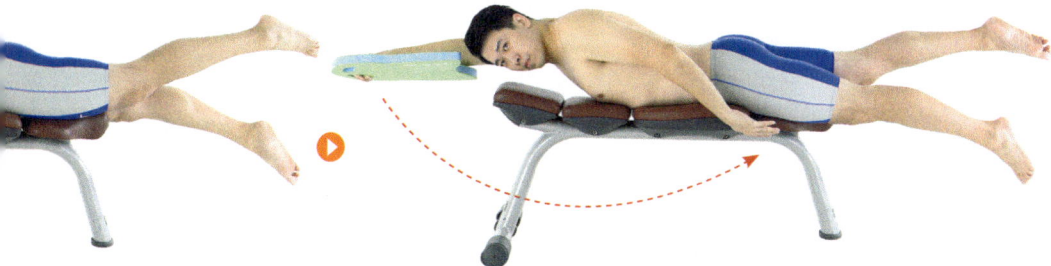

左臂屈肘，手掌与小臂对准水的方向，沿身体中线向前向下划，右手握紧浮板保持不动。同时左腿发力带动小腿和脚部上打水，右腿下打水。

左臂继续由胸部向后推，直至手臂接近水面。上身随之向左转动，面部露出水面吸气。同时左腿转入下打水，右腿接着上打水。

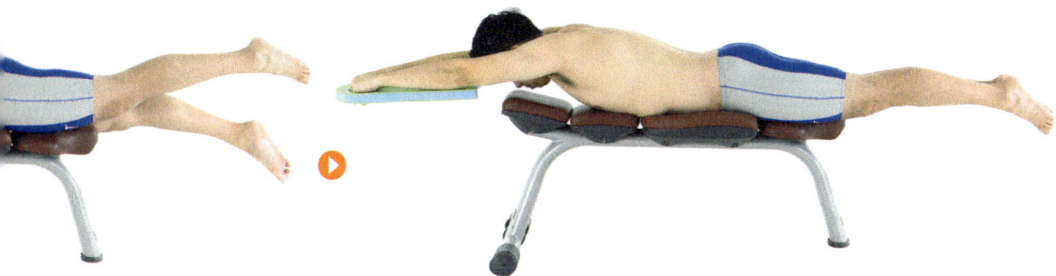

出水后左臂屈肘，借助肩关节自然内旋，在空中向头部前方移动。左臂前伸至头部前方，借助肩关节的自然内旋，上身随之转向正面并向下俯，回到起始位置。整个移臂的动作放松自然。

💡 **小提示**

空中移臂时始终保持高肘姿态，通过提拉肘关节向前移动手臂出水，保持身体平稳，整个动作迅速且要放松。

69

技巧 061

自由泳

▶单手浮板练习（右臂）

等级 ★★☆☆☆　　⏱时间 2~3分钟

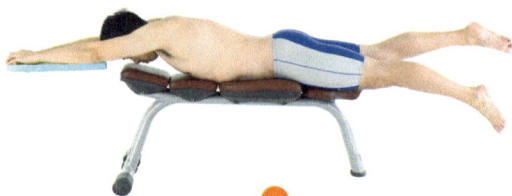

▼

俯卧于训练椅上，双手握紧浮板，双臂向前伸直，保持背部平直，身体放松，目视下方。右腿发力带动小腿和脚部上打水，左腿下打水。

右臂屈肘，手掌与小臂对准水的方向，沿身体中线向前、向下划，左手握紧浮板保持不动。

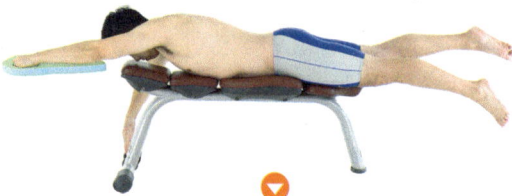

▼

右臂继续由胸部向后推，直至手臂接近水面。双腿交替打水。

右手掌心转向身体，运用大臂的力量带动肘部向上提拉，小指先出水，上身随之向右转动，面部露出水面吸气。同时左腿转入上打水，右腿下打水。

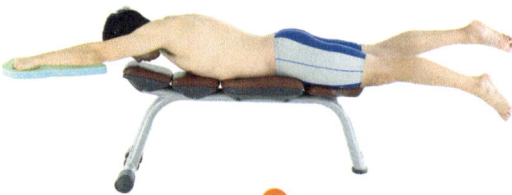

▼

出水后右臂屈肘，借助肩关节的自然内旋，在空中向头部前方移动。右臂前伸至头部前方，借助肩关节的自然内旋，上身随之转向正面并向下俯，回到起始位置。

肘部上提

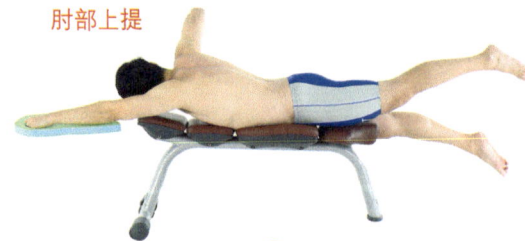

▼

💡 **小提示**

在右臂向上提拉的同时转动头部进行吸气，注意动作的协调配合。

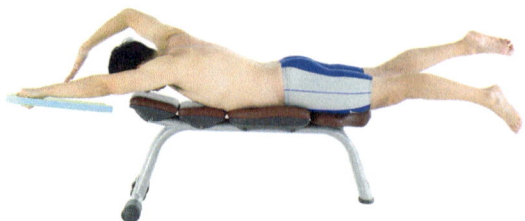

▶

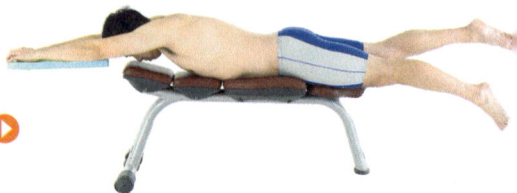

技巧
062

自由泳

▶腿部夹板练习

等级 ★★☆☆☆　　⏱时间 2~3分钟

扫一扫，看视频

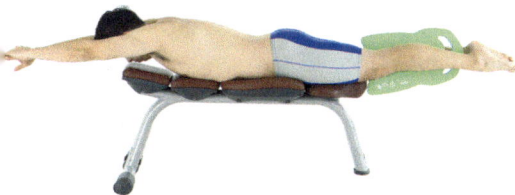

俯卧于训练椅上，双臂向前伸直，左手置于右手上，双腿夹住浮板向后伸直。

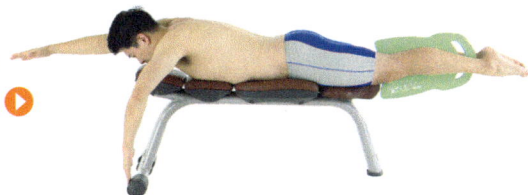

左臂屈肘，手掌与小臂对准水的方向，沿身体中线向前、向下划，右臂与双腿保持不动。

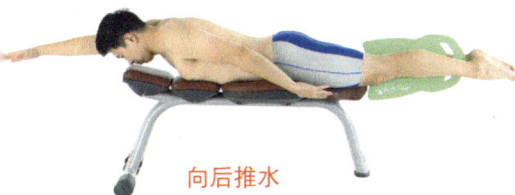

肘部上提

向后推水

用手掌将划过来的水由胸部向后推，直至手臂接近水面。

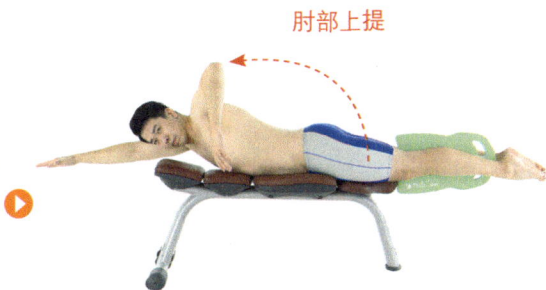

运用大臂的力量带动肘部向上提拉。小指先出水，接着手与小臂逐渐被拉出水面，上身随之向左转动，面部露出水面吸气。

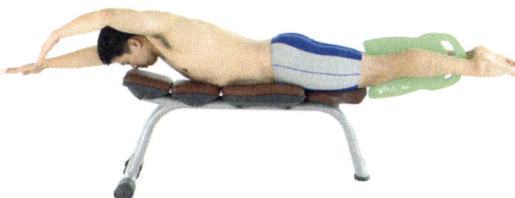

出水后左臂屈肘，借助肩关节的自然内旋，在空中向头部前方移动。左臂前伸至头部前方，借助肩关节的自然内旋，上身随之转向正面并向下俯，回到起始位置。

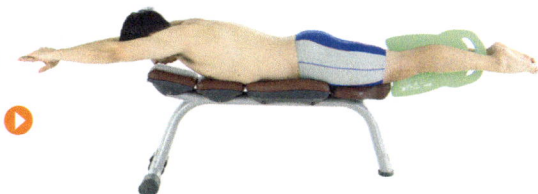

技巧
063

▶ **自由泳连贯动作**

等级 ★★★☆☆　　⏱时间 3~5分钟

扫一扫，看视频

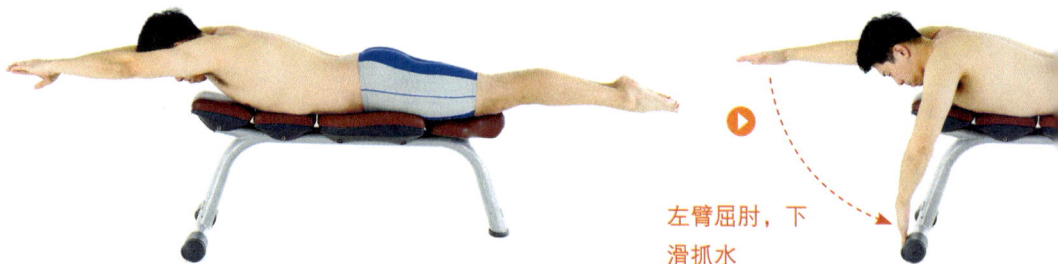

左臂屈肘，下滑抓水

俯卧于训练椅上，双臂向前伸直，左手置于右手上，双腿向后伸直，双脚脚背绷直，脚尖稍朝内。

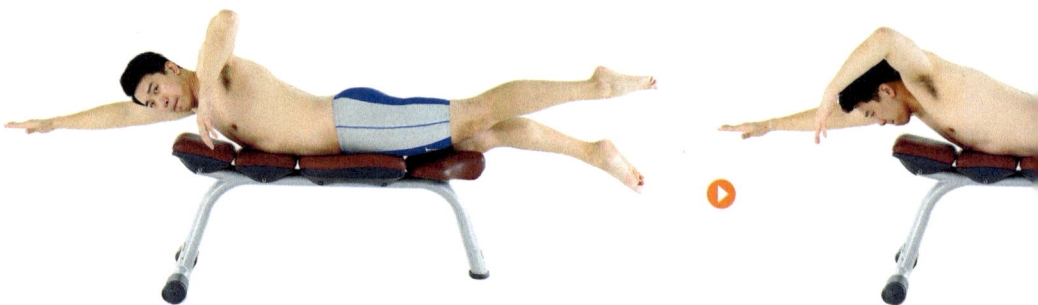

左臂大臂带动小臂向上提拉，小指先出水，接着手与小臂逐渐被拉出水面。在肩关节的带动下，上身略微左转，面部露出水面吸气。

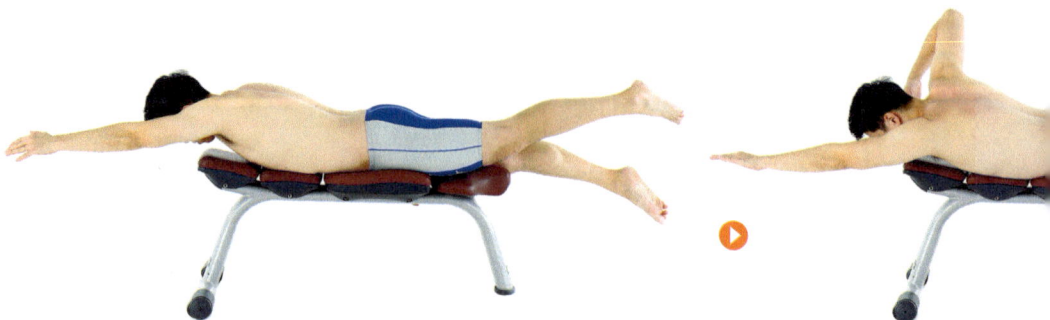

右手用手掌将划过来的水灵活地由胸部向后推，直至手臂接近水面。髋关节发力，左腿大腿带动小腿进行上打水，右腿下打水。

技术要领

身体动作协调配合

在自由泳的整个过程中，身体每一个部位都需要协调配合。如果手臂划水的动作过大，双臂与双腿的节奏可能会被打乱，所以双臂不必过分前伸。可以通过抱水的动作，将身体的重心前移，向前游进。

左臂屈肘，手掌与小臂对准水的方向，沿身体中线向前、向下划。同时左腿髋关节发力，大腿带动小腿向上打水，右腿下打水。

用手掌将划过来的水灵活地由胸部向后推，直至手臂接近水面。左腿转为下打水，右腿进行上打水。

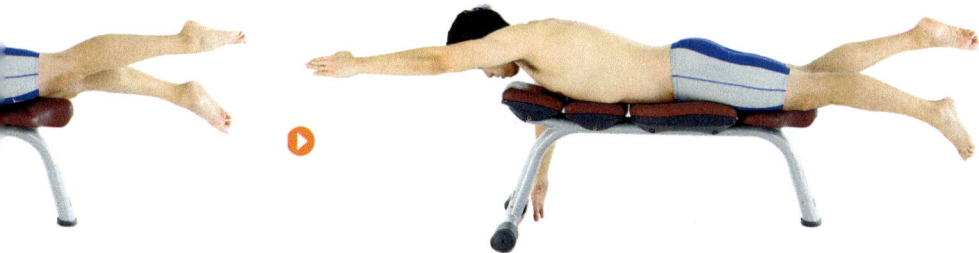

出水后左臂屈肘，借助肩关节的自然内旋，在空中向头部前方移动，双腿交替打水。

左臂前伸至头部前方，肩部带动上身转向前方，同时右臂屈肘，向下划水。

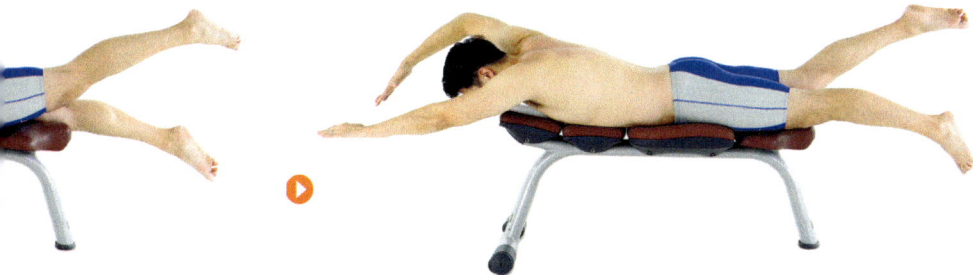

右臂大臂带动小臂向上提拉，小指先出水，接着手与小臂逐渐被拉出水面。

在越过肩后右臂前伸至头部前方，然后回到起始位置，如此反复练习，重复规定的次数。

自由泳

▶ **半陆半水打水**

等级 ★★☆☆☆　　⏱ 时间　1分钟

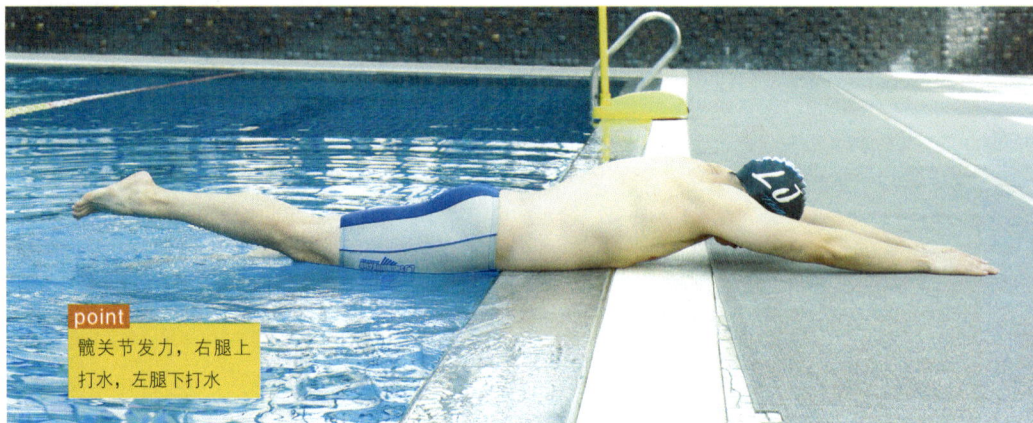

point
髋关节发力，右腿上
打水，左腿下打水

身体在泳池边呈俯卧姿势，双臂向前伸直，肩部放松，身体尽量平卧，泳池的边沿刚好在腹部下方，双腿向后伸，髋关节发力，右腿大腿带动小腿上打水，左腿下打水。

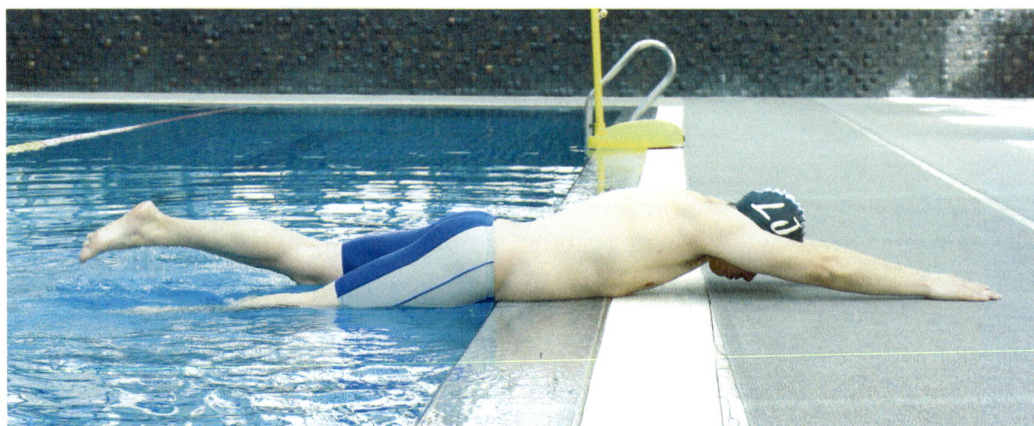

右腿上打水完全伸直时，大腿停止向上，右腿转为下打水，左腿同时转为上打水。打水时，髋关节发力，大腿带动小腿做鞭状打水动作，如此反复进行打水练习。

🔑 **技术要领**

大腿带动小腿和脚部发力

在打水的过程中，注意大腿发力，不要出现大腿不动，只用小腿和脚部自行打水的情况。

第3章

自由泳

技巧 065

▶ **浮板有呼吸打水**

扫一扫，看视频

等级 ★★☆☆☆ ⏱时间 1~3分钟

站立于泳池中，双臂向前伸直，双手握紧浮板。肩部放松，目视前方。身体保持平稳。

双腿借助水的浮力脱离池底向后伸直，使身体呈一条直线，双腿交替打水推动身体前进。

双脚持续交替打水，游进一段距离，体会身体在水中平稳漂浮的感觉。保持头部露出水面，均匀呼吸。

point
保持头部在水面上，均匀地呼吸

🔑 **技术要领**

头不要抬得过高

初学者在练习时，可能会因为紧张等因素将头抬得过高。这会使水的阻力加强，导致游速降低。因为头抬得越高，身体越接近直立位，所受到的阻力就越大。

自由泳

▶浮板无呼吸打水

等级 ★★☆☆☆　　时间 1~3分钟

扫一扫，看视频

🔑 **技术要领**

腰部力量

运用腰部的力量使身体以流线型姿态平稳地漂浮在水面上。

站立于泳池中，双臂向前伸直，双手握紧浮板。躯干挺直，肩部放松，目视前方，身体保持平稳。

point
头部浸入水中，进行憋气

其他角度

双腿借助水的浮力脱离池底向后伸直，使身体呈一条直线，深吸一口气，头部浸入水中，双脚交替打水。

保持流线型身体姿势，双脚持续交替打水，游进一段距离，初步体会在水中漂浮前进的感觉，这样可逐步掌握游泳时的姿态。

技巧 **067**

自由泳

▶浮板配合呼吸打水

等级 ★★☆☆☆　⏱时间 1~3分钟

扫一扫，看视频

站立于泳池中，双臂向前伸直，双手握紧浮板。躯干挺直，肩部放松，目视前方，身体保持平稳。

双腿借助水的浮力脱离池底向后伸直，使身体呈一条直线，下巴上抬，双腿交替打水推动身体前进。

深吸气，头部浸入水中，进行憋气。然后慢慢将气体吐出，双腿保持交替打水。

感到呼吸困难时，头部露出水面，将剩余的气体一并呼出，再借助呼气的反作用力，深吸一口气。重复动作，如此保持向前游进。

point
吸气后头部浸入水中憋气

💡 **小提示**

借助浮板，配合呼吸进行打水，可以更加深入地练习游泳时的动作配合方式，掌握游泳时的呼吸过程和打水与呼吸之间的配合节奏。

77

自由泳

▶徒手漂浮打水

等级 ★★★☆☆　⏱时间 1分钟

扫一扫，看视频

💡 **小提示**

在上打水时，注意小腿不能露出水面，否则下打水时会难以获得水的反作用力，且容易造成身体下沉。

站立于泳池中，双臂屈肘打开。肩部放松，目视前方，身体保持平稳。

深吸一口气，面部浸入水中，双腿屈膝向腹部靠近，双臂前伸，上身俯卧于水面上，保持憋气。

point
全身放松，双腿交替打水

利用腹部的力量，让身体漂浮起来。双臂向前伸直，双手相叠。身体呈流线型姿势，右腿大腿带动小腿上打水，左腿下打水。

右腿上打水完全伸直时，大腿停止向上，右腿转为下打水，左腿同时转为上打水。如此反复进行打水，推动身体前进。

第3章

自由泳

技巧
069

▶ 扶住池边转身打水

等级 ★★★☆☆　⏱时间 1分钟

扫一扫，看视频

左手伸直扶住池边，肩部放松，双腿借助水的浮力脱离池底，向后伸直，使身体呈一条直线，右臂置于体侧。深吸一口气，面部没入水中，髋关节发力，右腿进行上打水，左腿下打水。

point
转肩与换气同时进行

双腿交替打水至规定次数后，头部随身体向右侧转动，使嘴露出水面进行换气，同时肩部露出水面。保持侧卧姿势打水至规定次数后，再以俯卧姿势练习打水。

💡 小提示

练习时身体在水中稳定后再配合呼吸进行转身打水，注意打开身体，放松关节，在侧身换气时不要出现抬头吸气、肘部弯曲、缩肩、勾脚和身体位置倾斜等错误。

技巧
070

自由泳

▶ 转肩打水

扫一扫，看视频

等级 ★★★☆☆　　🕐时间　1分钟

呈俯卧姿势漂浮在水面，双臂自然放于身体两侧，髋关节发力，左腿大腿带动小腿向上摆，进行上打水，右腿大腿带动小腿向下踢，进行下打水。

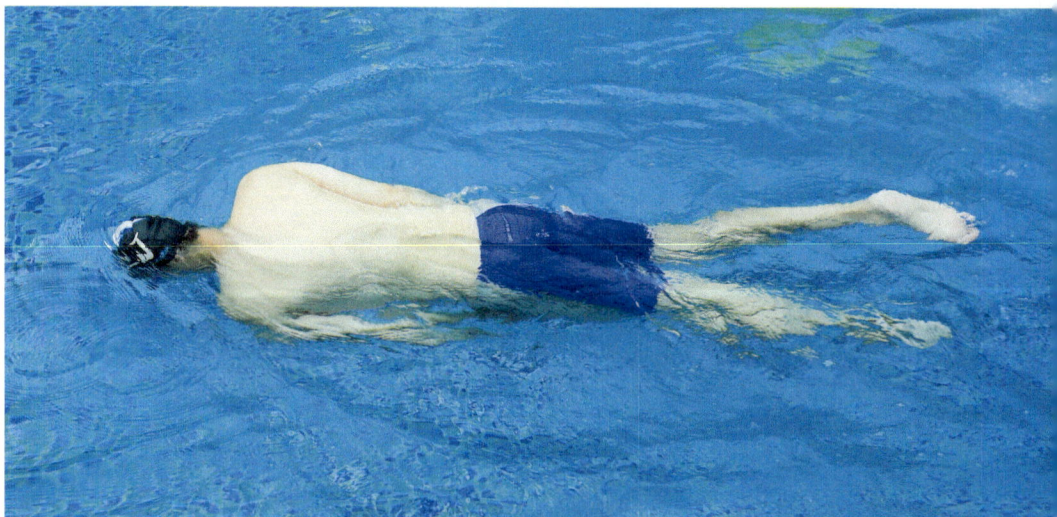

在肩部的带动下，身体向左侧转动，恢复起始姿势。

🔑 **技术要领**

压肩转身

要通过压低肩部来完成身体向左右两侧的转动，压低一侧肩部，身体就可以自然地转向对侧。在转体的过程中，双腿也要随着转动的方向进行打水。

point
肩部带动身体向右侧转动

双腿交替打水，左肩下压，带动身体向右侧转动，使右侧肩部和髋部露出水面。

右肩下压，使身体向左侧转动，保持头部平稳，如此反复进行打水练习。

扫一扫，看视频

▶ **半陆半水划水**

等级 ★★★★★ 　　🕐 时间 　1分钟

俯卧在泳池边沿，双臂向前伸直，掌心朝下，头部朝向地面。

左臂保持前伸，右臂从头部前方入水，由指尖到大臂自然插入水中。

右臂入水后，由胸前向大腿方向推水，直至右手接近水面。

大臂发力带动肘部向上提拉。小指先出水，接着手与小臂逐渐被拉出水面。

出水后右臂屈肘，借助肩关节的自然内旋，在空中向头部前方移动。

右臂向前伸直，与左臂平行放在泳池边沿。如此反复练习，重复规定的次数。

💡 小提示

练习时体会手在水中划动的触感，手臂在水中呈曲线划动，划水动作的幅度要大一些。注意手臂要在头部前方入水，向后划动至大腿后再出水。

83

自 由 泳

▶ **单臂分解练习**

等级 ★★★☆☆　　⏱时间　1分钟

扫一扫，看视频

俯卧于泳池中，双臂屈肘前伸，保持身体平稳，双腿后伸，交替打水。

左臂保持前伸，右臂屈肘，手掌与小臂对准水的方向，沿身体中线向前、向下划。

用手掌将划过来的水由胸部向后推，直至手臂接近水面。

point
转肩的同时面部出水，换气

大臂发力带动肘部向上提拉，肩部带动身体向左转动，面部露出水面，换气。

小指先出水，接着手与小臂逐渐被拉出水面，出水后右臂屈肘。

借助肩关节的自然内旋，右臂在空中向头部前方移动。

🔑 **技术要领**

动作配合

单臂分解练习是从完成单个动作到掌握完整动作配合的过渡练习，练习过程中，一只手臂保持前伸动作，另一只手臂循环做划水练习，双腿随之上下交替打水，同时配合呼吸。

右臂向前伸直，身体随之转向正面。如此反复练习，重复规定的次数。

第3章

技巧 073

自由泳

▶ 水中划水及换气

等级 ★★★☆☆　⏱ 时间　1分钟

扫一扫，看视频

站于泳池中，双臂向前伸直，保持躯干平直并向前俯身，面部朝下，目视池底。

左手屈肘入水，逐渐往大腿方向伸直划水。同时身体带动头部向左侧转动，右手保持前伸。

嘴部露出水面后进行换气，左臂大臂带动小臂，上提肘部，将手臂移出水面。

出水后肘部弯曲，肩关节带动左臂向身体前方进行空中移臂。

🔑 技术要领

水的作用力

站在水中划水能更好地感受水的作用力，划水时，身体的转动与呼吸要相互配合。

左臂向前伸直，双臂平行，面部没入水中，呼气，然后回到起始位置，重复规定的次数。

自由泳

▶ **单手8次打水加3次划水**

等级 ★★★★☆　　⏱时间 3分钟

扫一扫，看视频

左臂向前伸直，右臂屈肘，手掌与小臂对准水的方向，沿身体中线向前、向下划。

右臂在越过肩后前伸入水，左臂屈肘，手掌与小臂对准水的方向，沿身体中线向前、向下划，完成第1次划水。

小提示

在划水后身体笔直地向前游进，单臂前伸，双腿配合打水8次，然后双臂交替划水3次，注意在换气时保持向正前方游进。如果呼吸的时机不对，或是头部上抬过高，方向容易偏移。所以要一边左右摆动身体，一边正确划水。

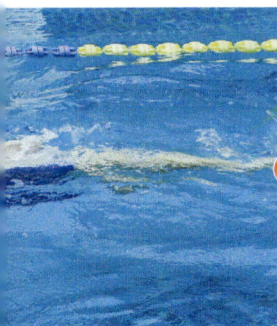

point
右臂出水移臂

右臂向大腿方向推水，直至手臂接近水面。身体随之向左侧转动，双腿交替打水8次，向前滑动。

右臂大臂带动小臂上提出水，借助肩关节的自然内旋，在空中向前移动，左臂下划抓水。

左臂向大腿方向推水，然后大臂带动小臂屈肘上提出水，在空中向前移动，双腿交替打水。

左臂在越过肩后前伸入水，右臂沿身体中线下划至大腿位置，完成第2次划水。

右臂大臂带动小臂上提出水，借助肩关节的自然内旋，在空中向前移动，左臂下划抓水。

右臂在越过肩后前伸入水，左臂屈肘，沿身体中线下划，完成第3次划水。

自由泳

▶水上完整动作

等级 ★★★★☆　　🕐时间　5分钟以上

扫一扫，看视频

左臂在完成空中移臂后，大臂内旋向前伸直，领先肩部入水。右臂屈肘，手掌与小臂对准水的方向，沿身体中线向前、向下划，髋关节发力，双腿交替打水。

point
右臂前伸入水

越过肩后右臂前伸入水，左臂屈肘，手掌与小臂对准水的方向，沿身体中线向前、向下划，同时头部进入水中吐气，双腿交替打水。

🔑 技术要领

控制身体重心向前移动

自由泳的前进需要身体左右摆动，所以受到双手划水动作的影响时，身体会出现自然的左右倾斜。注意前进是通过身体重心向前移动实现的，而不是通过双臂的力量实现的。

point
右侧肘部处于上提状态

右臂向大腿方向推水，直至手臂接近水面。左手掌心转向身体，大臂带动小臂屈肘上提，同时转头吸气。

出水后右臂屈肘，借助肩关节的自然内旋，在空中向前移动，右臂下划抓水。

左臂向大腿方向推水，直至手臂接近水面，大臂带动小臂屈肘上提。

出水后左臂屈肘，借助肩关节的自然内旋，在空中向前移动，左臂下划抓水，如此反复进行练习。

技巧
076

自由泳

▶ **水下完整动作**

等级 ★★★★☆　　时间　5分钟以上

完成右臂空中移臂后，同时完成换气，右臂内旋入水，左臂屈肘向下抓水，将水抓至身体中线前方。同时右腿上打水，左腿下打水，带动身体前进。

左臂由胸部向大腿方向推水，直至手臂接近水面，大臂发力带动肘部上提，双腿交替打水。

point
左臂完成空中移臂的同时头部左转换气

左臂出水并完成空中移臂，同时身体带动头部向左转动，嘴部出水后进行换气，右臂下划抓水。

左臂完成空中移臂后入水前伸，以肘部为支撑点内划，右臂屈肘沿身体中线呈曲线将水划至胸前，双腿交替打水。

右臂抓水后推水，使身体借助推水的力量前进。接着大臂带动小臂，屈肘上提。

右臂出水，借助肩关节的内旋完成空中移臂，换气，同时左臂下划抓水，如此反复进行练习。

第 4 章

仰泳

仰泳是身体仰卧在水面上的游进姿势，注重核心力量的训练。强壮、协调和灵活的身体是仰泳动作的基础。以仰泳姿势游进，肢体的控制能力也非常重要，有较好的肢体控制能力可以很好地抓水并形成良好的身体姿态。动作协调连贯可以增大推进力，提高游进速度。

仰泳

▶仰泳腿部动作

等级 ★★★★★　　⏱ 时间　1~3分钟

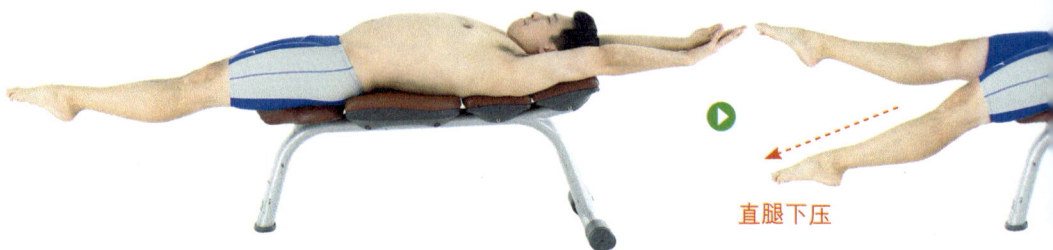

直腿下压

仰卧在训练椅上，双臂向前伸直，两手相叠，双腿伸直，双脚脚背绷直，脚尖稍朝内。

膝关节充分伸展，臀部肌肉收紧，左腿髋关节发力，将整个左腿下压。右腿大腿带动小腿向上摆，进行上打水。

其他角度

完成直腿下压后，髋关节发力，左腿大腿带动小腿加速向上打水，同时右腿向下压。如此反复进行打水练习。

技术要领

压腿幅度

腿部下压的幅度不要过大，以防身体的流线型被破坏，从而受到较大阻力。

仰泳

▶腿部陆上练习

等级 ★★☆☆☆　　🕐时间　1~3分钟

扫一扫，看视频

上踢

坐在训练椅上，双手扶在身体两侧，保持平衡，双腿平行向前伸直，绷紧脚尖。

髋关节发力，左腿大腿带动小腿上摆，进行上打水，同时右腿下摆，做下打水动作，脚尖始终绷紧。

✕ 错误动作

双腿未伸直，且脚尖未绷紧。

下压

左腿完全伸直时，大腿停止上移，左腿开始转为下打水，同时右腿进行上打水，如此反复进行打水练习。

💡 小提示

该动作与自由泳陆上练习动作相似，不同的是在仰泳中，上打水产生的动力有推水的作用，打水的幅度大于自由泳。上打水时大腿不要露出水面，只是脚尖略微出水，不要出现水花四溅的情况。

第4章

技巧 079

仰泳

▶ 侧身打腿

等级 ★★☆☆☆　　时间 1~2分钟

扫一扫，看视频

侧身打腿有助于初学者改善仰泳时的身体姿态，在练习腿部打水之余，还能锻炼头部和身体的控制能力，从而更好地呈现身体的流线型姿势。

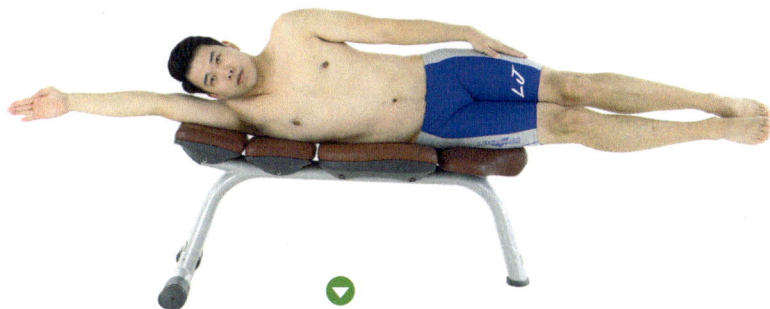

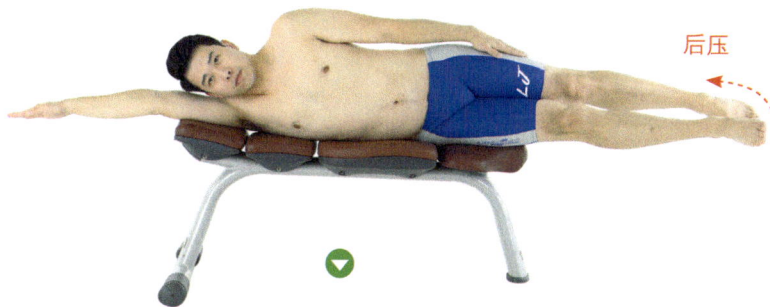

后压

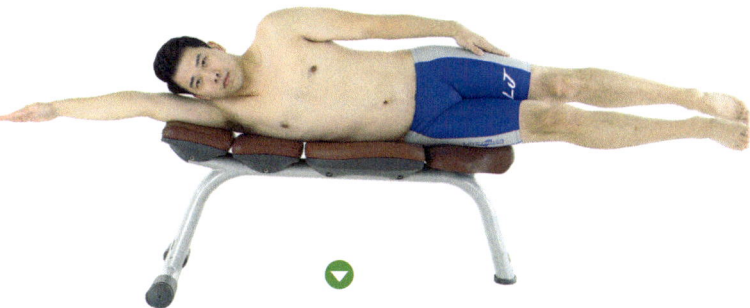

侧卧在训练椅上，右臂伸直举过头顶，掌心朝前。左臂伸直贴在体侧，双腿并拢伸直，脚背绷直，脚尖稍内扣。

右手外旋，掌心朝下。髋关节发力，右腿大腿带动小腿前踢，同时左腿向后压。

膝关节伸直，脚背绷直，大腿停止发力。右腿向后收回，左腿向前收回，回到起始位置，准备换腿打腿。

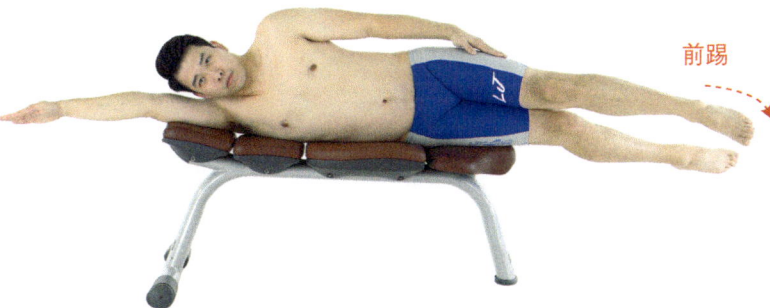

前踢

双腿平行后，换左腿前踢，右腿后压。注意控制前踢幅度，与水下膝部不露出水面的幅度为准。如此反复进行打腿练习。

▶仰泳手臂动作

等级 ★★☆☆☆   ⏱时间 1~3分钟

扫一扫，看视频

屈肘转肩

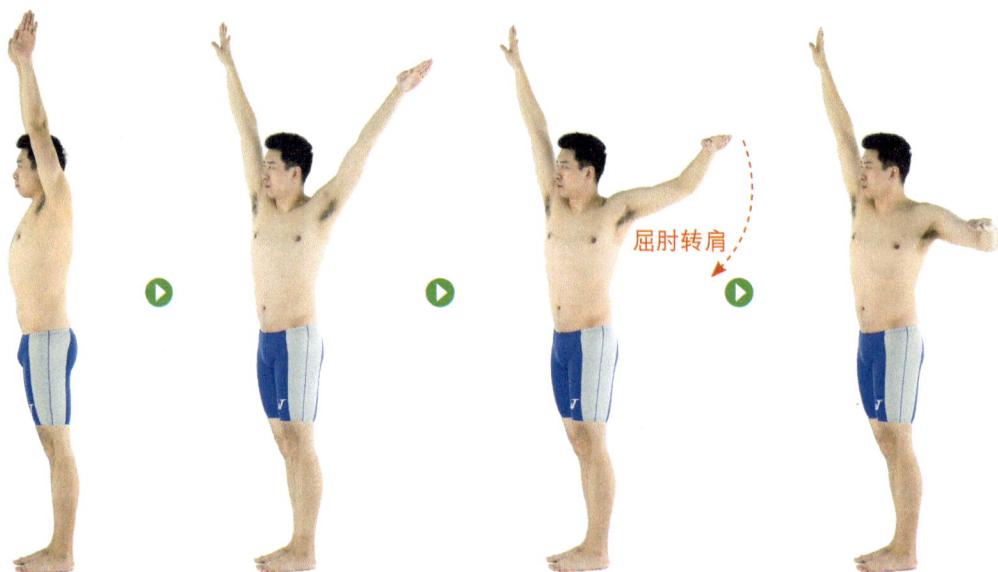

双腿分开，距离接近肩宽，双臂向上举过头顶，掌心朝外。左臂向左后方做划水动作，同时带动上身略微左转。右臂保持不动，左臂继续向后、向下屈肘做划水动作。

左臂上划

屈肘转肩

左臂伸直向前划，掌心朝外。同时右臂向右后方做划水动作。

左臂继续向前、向上划，右臂屈肘向后划，上身随之略微右转。

划至髋部

左臂一直划至髋部，直到恢复为直臂。

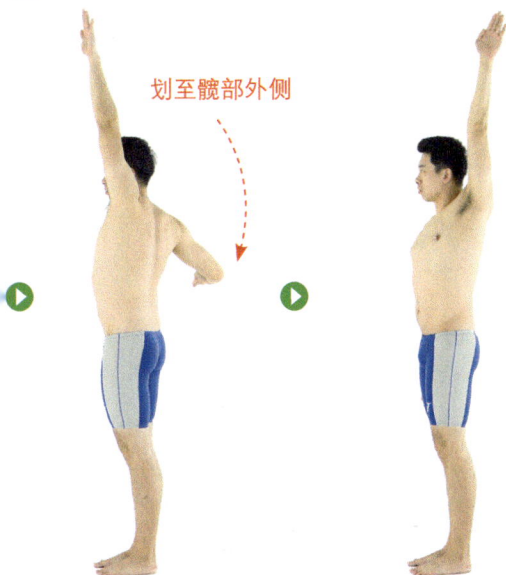

划至髋部外侧

右臂继续向后、向下划水至恢复为直臂，身体保持稳定，如此反复进行划水练习。

小提示

手臂动作是仰泳游进过程中产生推进力最大的部分。单臂划水时，注意要笔直压水，肘部和肩部在同一水平位置时，保持腋下张开，让身体感受水流的力量，从而向前游进。

✕ 错误动作

手臂偏离中心线向内侧的入水动作。

手臂过于向外的入水动作。

仰泳

▶ 站姿练习

等级 ★★☆☆☆　　　🕐 时间　1~3分钟

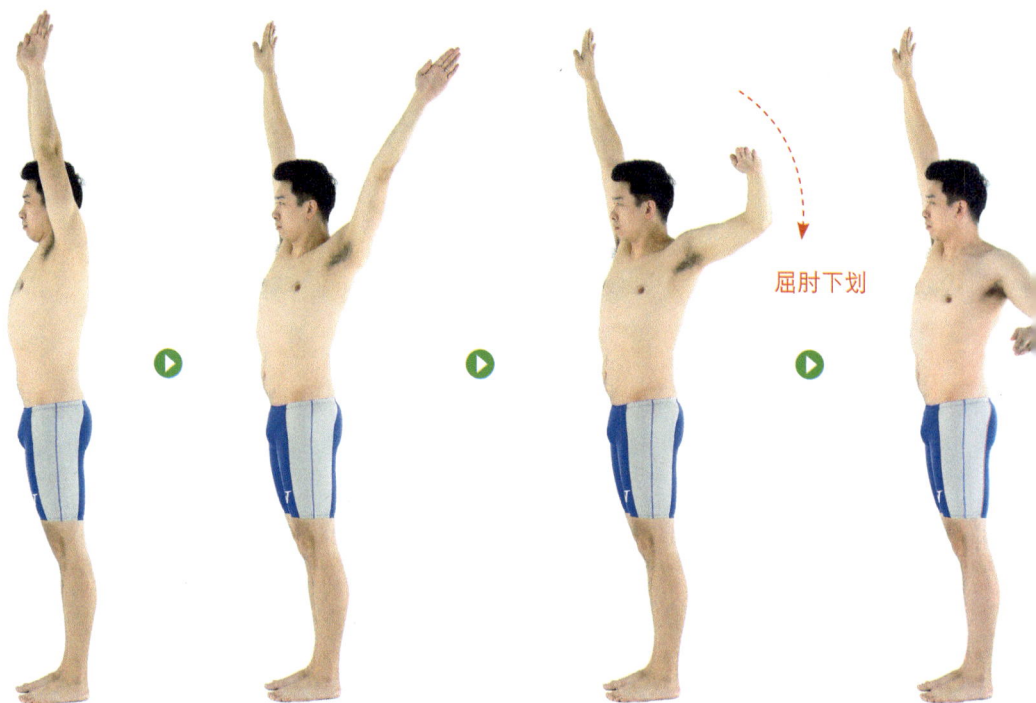

屈肘下划

双腿自然分开，背部挺直，核心收紧，双臂向上举过头顶，掌心朝外，目视前方。左臂向后、向下屈肘做划水动作。右臂保持不动。

其他角度

技术要领

下划与抓水

此练习是通过掌握手臂划水的轨迹，感受手臂的用力部位。入水后的下划与抓水动作紧密相连，应连贯准确地进行，不要停顿，这有助于在后面的划水动作中产生更大的推进力。

向前、向上划
划过髋部

左臂一直划至髋部，直到恢复为直臂，接着从髋部继续向前、向上划至肩部前方，保持掌心朝外，再向上划至头部上方，回到起始姿势。

✕ 错误动作

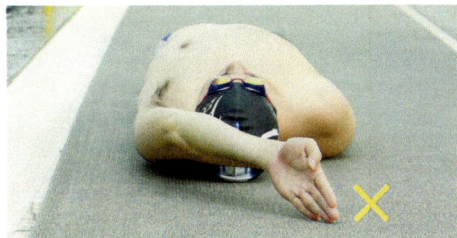

手臂入水点过于偏内。

技巧 082

▶两臂于体侧

等级 ★★☆☆☆　　⏱时间　1~2分钟

扫一扫，看视频

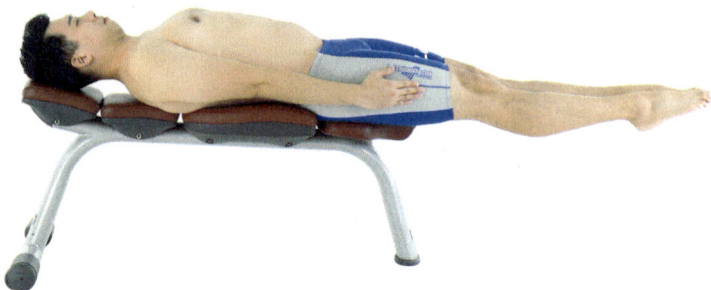

仰卧在训练椅上，双臂伸直贴在身体两侧，双腿向后充分伸展，脚背绷直，脚尖稍内扣，保持身体平稳。

🔑 **技术要领**

脚踝放松

打水时脚踝放松。水的阻力会使膝关节自然弯曲，腿部过于用力会影响身体的摆动。

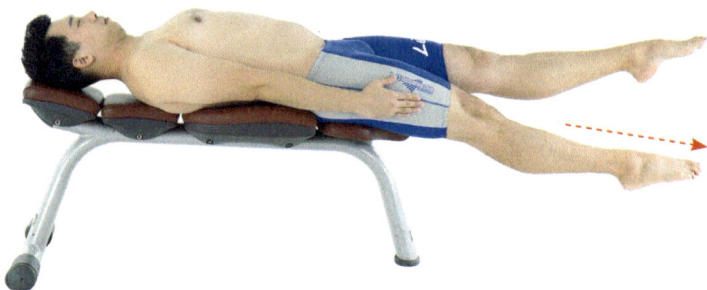

直腿下压

双臂保持不动，膝关节充分伸展，臀部肌肉收紧，髋关节发力，左腿大腿带动小腿向上摆，进行上打水，同时右腿向下压，进行下打水。

❌ **错误动作**

膝部弯曲过度，且上抬过高，使膝关节露出水面

向上踢水

双腿上抬过度，且膝关节未伸直，脚尖未绷紧。

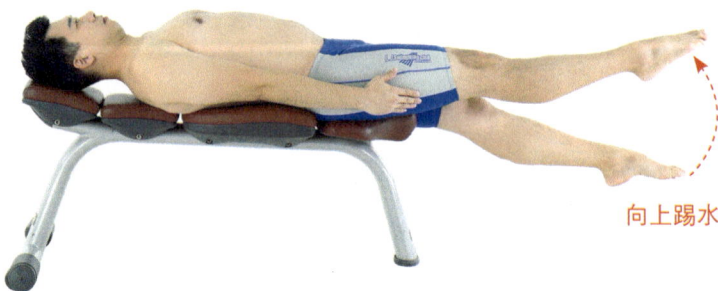

左腿完全伸直时，大腿停止上移，左腿开始转为下打水，同时右腿进行上打水，如此反复进行打水练习。

单手伸打水

第4章

技巧 083

仰泳

等级 ★★☆☆☆　　⏱时间 1~2分钟

扫一扫，看视频

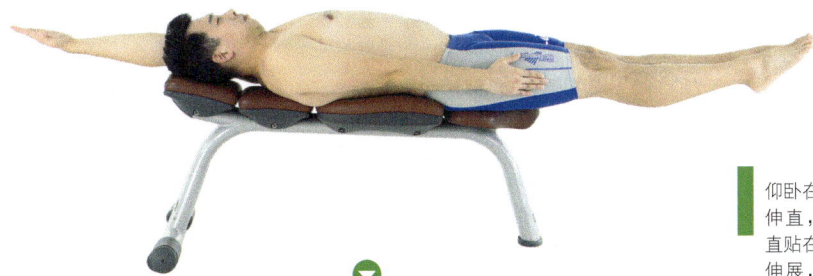

仰卧在训练椅上，左臂向前伸直，举过头顶，右臂伸直贴在体侧，双腿向后充分伸展，脚背绷直，脚尖稍内扣。

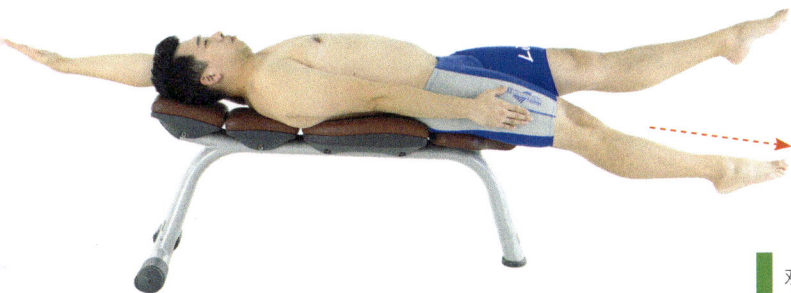

直腿下压

双臂姿势保持不变，髋关节发力，左腿大腿带动小腿向上摆，进行上打水，同时右腿向下压，进行下打水。

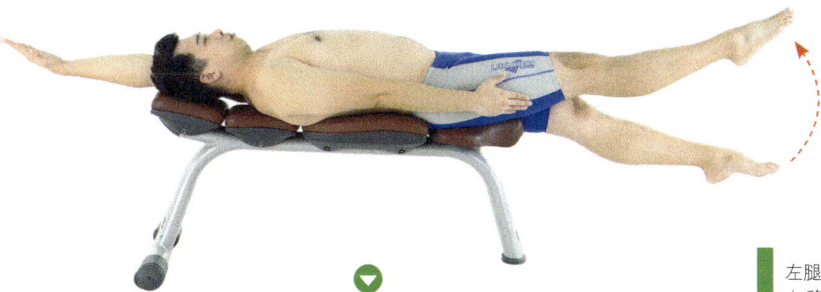

向上踢水

左腿完全伸直时，大腿停止上移，左腿开始转为下打水，同时右腿进行上打水，如此反复进行打水练习。

💡 **小提示**

腿部进行上打水和下打水时，支点为髋关节，大腿带动小腿上踢和下压，两脚上下的间距保持为40~50厘米。

仰 泳

▶转肩

等级 ★★★★★　　⊙时间　1分钟

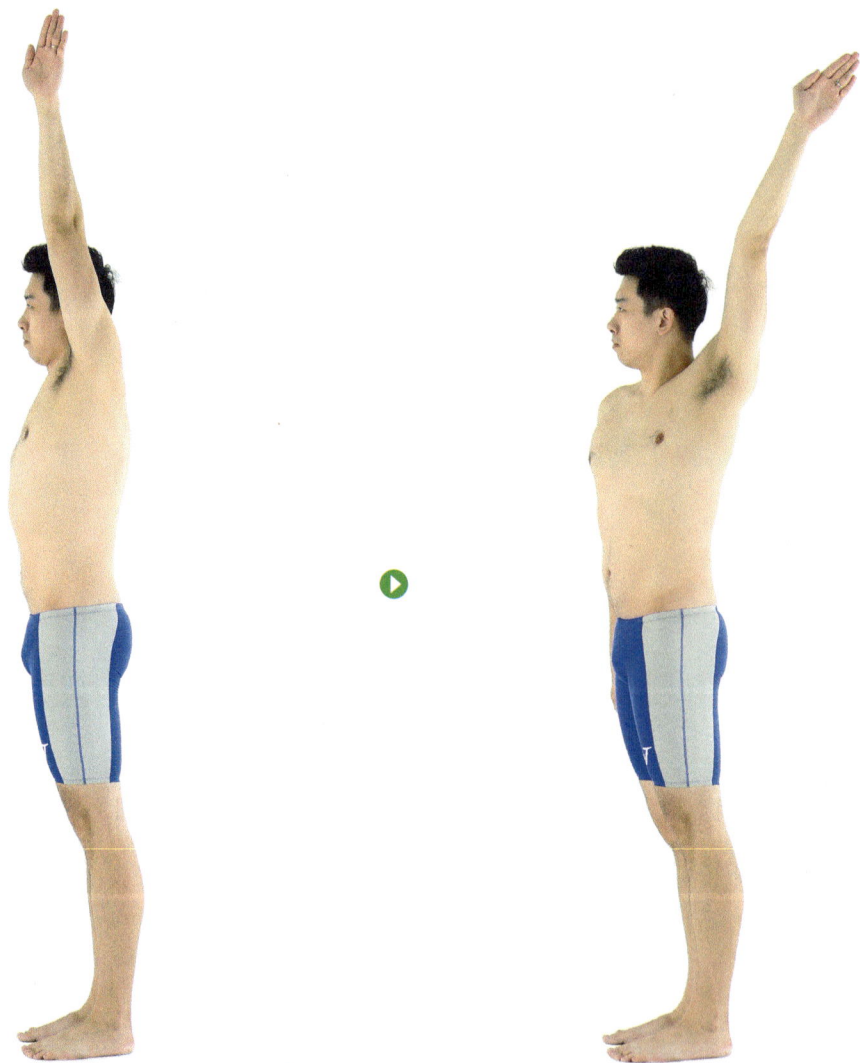

双脚自然分开，左臂向上伸直，举过头顶，掌心朝外，右臂伸直贴在体侧。身体保持稳定，左臂向身体后方划去，逐渐屈肘，感受肩部的转动。一直划至髋部，左臂恢复为直臂。

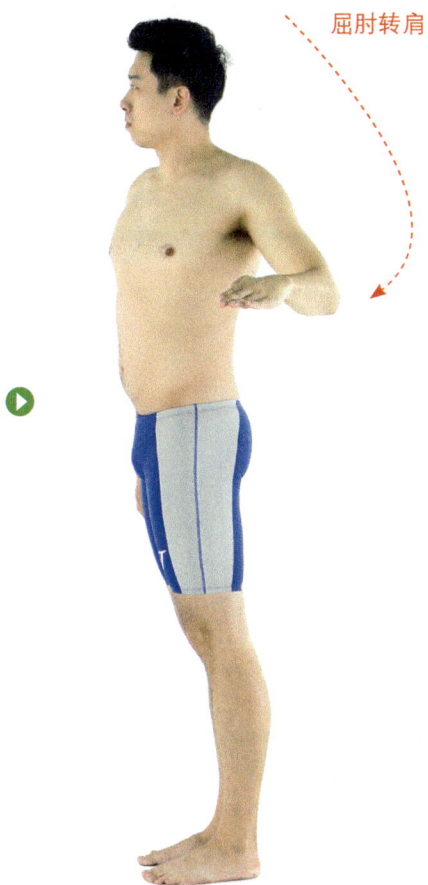

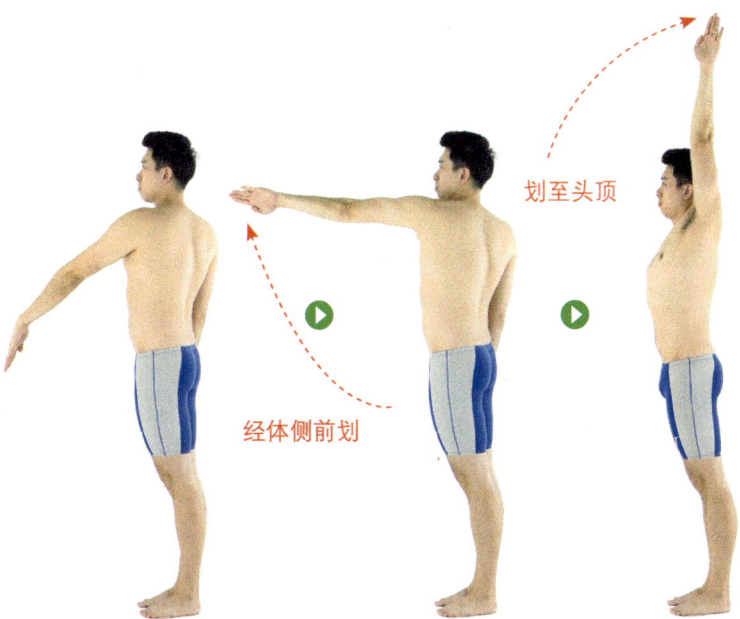

屈肘转肩

划至头顶

经体侧前划

转动肩部

让肩部带动双臂划水，
使身体自然扭转。

右臂保持不动，左臂继续从
髋部向前、向上划，经过肩
部前方，保持掌心朝外，再
向头顶上方划去，回到起始
位置，如此反复进行练习。

技巧 085

▶仰泳连贯动作

等级 ★★★☆☆　　时间 3~5分钟

扫一扫，看视频

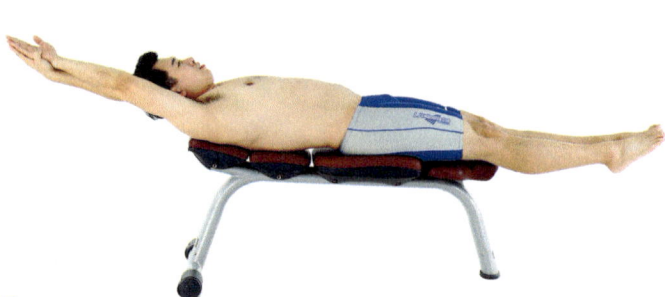

仰卧在训练椅上，双臂向前伸直，两手相叠，双腿向后伸直，双脚脚背绷直，脚尖稍朝内。

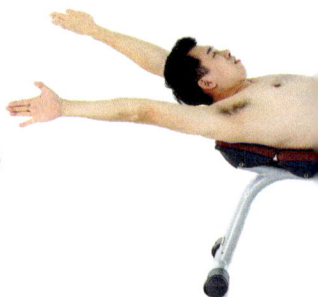

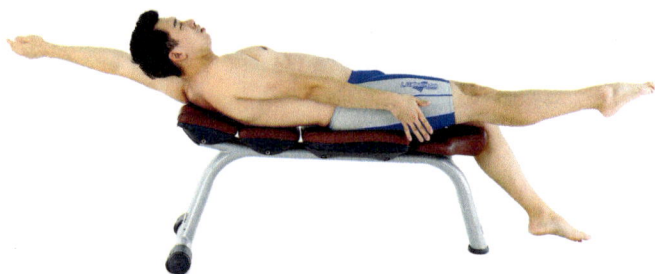

随着身体的转动，右臂沿曲线一直划至接近大腿，准备出水。

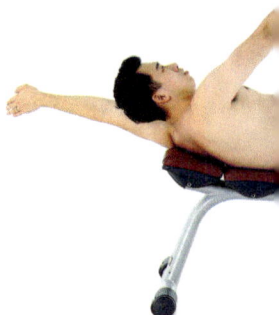

右臂伸直入水

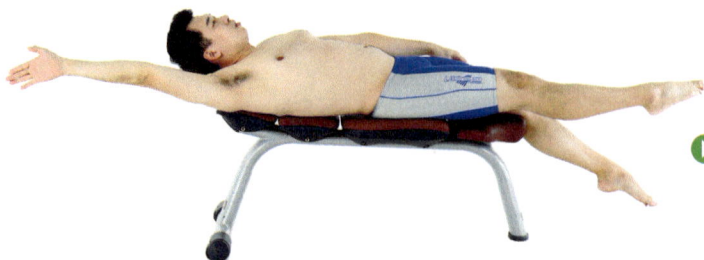

右臂越过头部后，手掌转向外侧入水，身体随之略微右转，双腿保持交替打水。

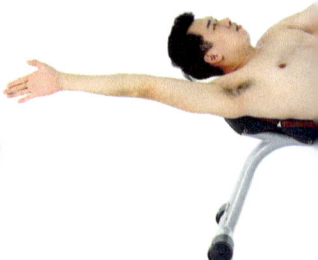

技术要领

配合身体匀速前进

仰泳游进的过程中，需要身体各部位的协调配合。仰泳的配合动作与自由泳相似，都要求身体获得均匀的推进力，以匀速前进。

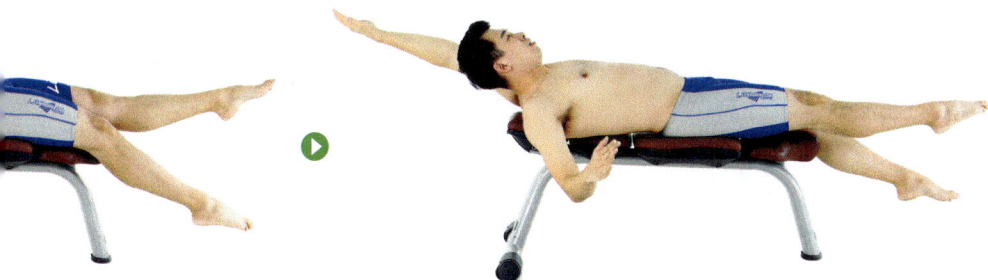

右臂向左后方做划水动作，同时髋关节发力，左腿大腿带动小腿向上摆，进行上打水，同时右腿向下压，进行下打水。

左臂保持不动，右臂继续向后、向下屈肘做划水动作。左腿完全伸直时，转为下打水，同时右腿进行上打水。

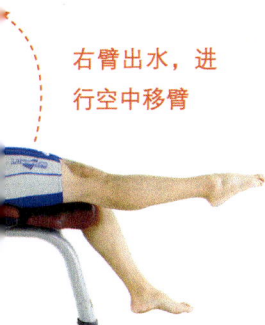

右臂出水，进行空中移臂

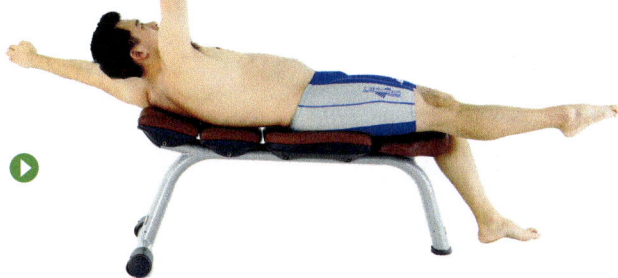

肩部肌肉收缩，手掌压水的反作用力和身体的转动带动手臂迅速出水。肩部先出水，然后大臂、小臂和手掌依次出水。

出水后，右臂保持伸直向后、向上移动。

右臂入水后，肩部带动左臂向上抬起，左臂保持伸直，肩部先出水。

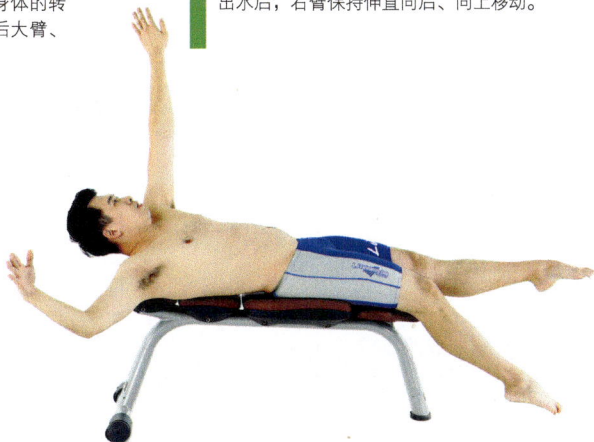

左臂伸直向上移动，右臂屈肘下划。如此反复进行练习。

仰泳

▶仰卧打水练习

等级 ★★★☆☆ ⏱时间 3~5分钟

扫一扫，看视频

呈仰卧姿势在水面漂浮，双臂置于身体两侧，髋关节发力，双腿向左侧进行打水，同时左肩下压，带动身体向左侧转动，保持头部平稳。

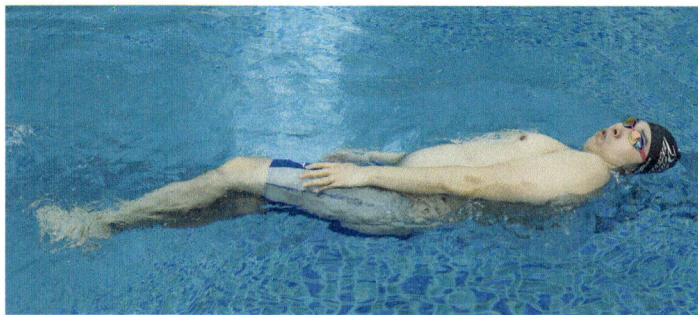

双腿向右侧打水，右肩下压，右髋跟随转动。

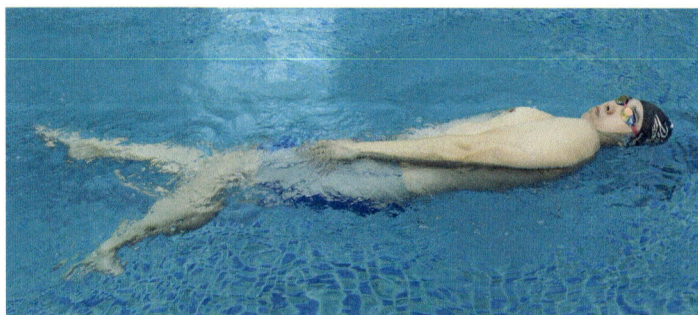

在肩部的带动下，身体向右侧转动，然后回到起始位置，如此反复进行打水练习。

💡 **小提示**

仰卧打水练习通过帮助练习者掌握转体与腿部动作的配合节奏，提升其身体的转动能力。在打水过程中，身体会左右摆动，注意身体的轴心不要偏移，保证笔直地前进。

❌ **错误动作**

深度踢腿，腿部屈膝、向下踢水的幅度过大。

仰泳

▶举手仰泳腿和双手

扫一扫，看视频

等级 ★★★☆☆　　⏱时间 3~5分钟

身体在水面呈仰卧姿势漂浮，右臂在头顶上方伸直，左臂从体侧上划出水。

右臂保持不动，左臂出水后在空中完成向前移臂，直至与水面垂直，双腿交替打水，向前滑动。

point
左臂向前准备入水，右臂向上出水

左臂保持伸直，向头顶上方移动，同时右臂向上举起，抬离水面。

左臂在头顶上方入水，右臂出水后在空中向前移动至与水面垂直，双腿保持交替打水。

🔑 技术要领

身体稳定

手臂在上下移动时，身体要保持稳定，不要左右摆动，否则会使划水动作变形，无法向前游进。

仰泳

▶ **利用浮板练习浮游**

等级 ★★★☆☆　　⏱ 时间　3~5分钟

扫一扫，看视频

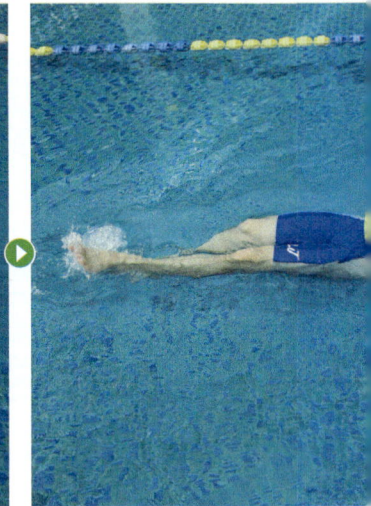

腰部绑住浮板，呈仰卧姿势在水面漂浮，双臂在头顶上方伸直，掌心朝上。双腿伸直，保持身体平稳。

出水后，左臂保持伸直向前、向上移动，右臂向大腿下方划，双腿保持交替打水。

小提示

借助浮板练习仰泳浮游可以使练习者长时间保持漂浮状态，防止腰部下沉，还能矫正身体姿势，使练习者感受仰泳各个动作的配合节奏。运动过程中腿部打水动作不要过大，注意上打水时用力一些，下打水时动作柔和一些。

point
左臂在空中移动

右臂保持不动，左臂向下划水，同时髋关节发力，左腿大腿带动小腿进行上打水，右腿下打水。

左臂沿曲线向下一直划至大腿下方，肩部肌肉收缩，带动手臂迅速出水，同时右臂屈肘下划。

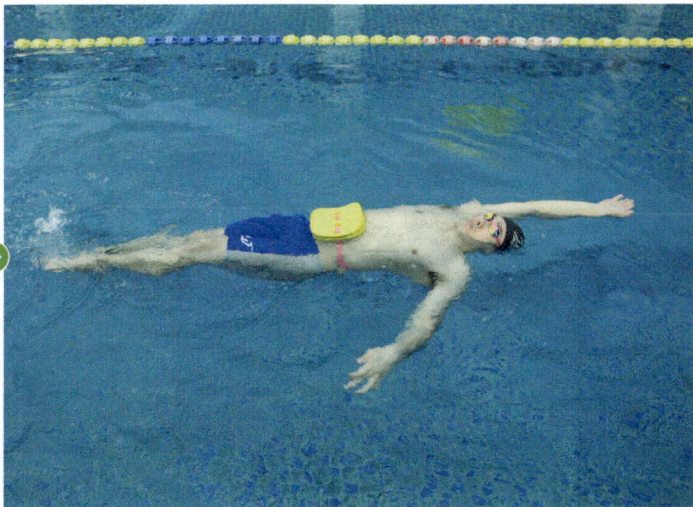

左臂越过头部后，手掌转向外侧入水，身体随之略微左转，右臂在肩部的带动下完成出水移臂。

右臂在头部上方入水，左臂屈肘下划。如此反复进行练习。

仰泳

▶ **水上完整动作**

等级 ★★★★☆　　⊙时间　5分钟以上

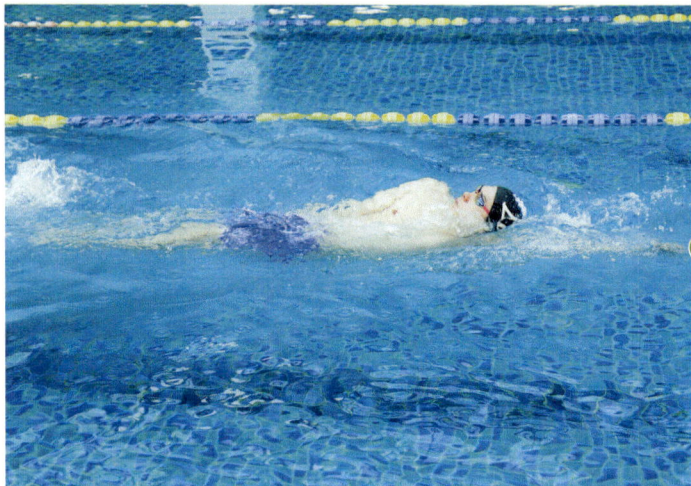

呈仰卧姿势在水面漂浮，左臂在头顶方向伸直，从小指开始入水，身体随之略微左转。右臂则上划至体侧。髋关节发力，双腿交替打水。

point
右臂入水前伸，左臂在空中移动

右臂入水后前伸，左臂利用手掌压水的反作用力和身体的转动迅速出水。过程中手臂保持伸直，压水提肩，肩部先出水，然后大臂、小臂和手掌依次出水。

技术要领

手臂与身体协调配合

手臂的出水和移动与身体的转动密切相关，手臂出水时，身体随之转向一侧；手臂在空中移动时，身体又转向另一侧。

point
右臂完成空中移臂，左臂下划

左臂入水后，屈肘下划。同时右臂出水，在空中完成向前移臂。

右臂保持伸直向前、向上移动，身体随之转动。左臂沿曲线向下一直划至大腿下方。

向右转肩，左臂保持伸直向前、向上移动，右臂屈肘下划，双腿保持交替打水。

左臂在前方入水，右臂下划至大腿下方，完成一个手臂动作循环，如此反复进行练习。

仰泳

技巧 **090**

▶ **水下完整动作**

等级 ★★★★☆　　　⏱ 时间　5分钟以上

扫一扫，看视频

仰卧漂浮于水面，右臂从小指开始入水，向前方伸直。左臂上划至体侧。髋关节发力，左腿上打水，右腿下打水。

右臂入水后，向右转肩，然后屈肘下划。左臂出水，在空中向前移动。

左臂入水后前伸，随着身体的转动，右臂沿曲线向下一直划至大腿下方，双腿交替打水。

point
右臂上移出水，
左臂入水下划

左臂下划，右臂利用手掌压水的反作用力和身体的转动迅速出水。过程中手臂保持伸直，压水提肩。

向左转肩，左臂屈肘下划，右臂保持伸直向前、向上移动，双腿交替打水。

右臂在前方入水，左臂下划至大腿下方，完成一个手臂动作循环，如此反复进行练习。

第 5 章

蛙泳

蛙泳是最古老的一种泳姿，由青蛙游泳的动作演变而来。以蛙泳姿势游进时，身体以流线型姿势滑行，头部不断地起伏，动作和呼吸节奏也不断变化。以蛙泳姿势游进方便观察前方是否有障碍物，蛙泳常用于渔猎、水上搬运、泅渡、救护等场景。蛙泳注重减少阻力和身体协同发力，具有身体起伏曲线合理、吸气晚、波浪式起伏等特点。

技巧 **091**

▶ 蛙泳腿部动作

等级 ★★☆☆☆　　⏱时间 2~3分钟

扫一扫，看视频

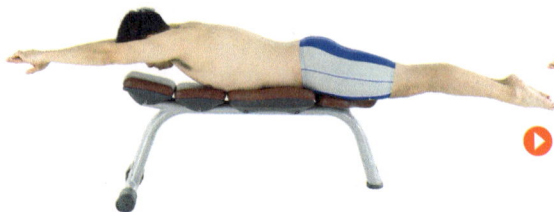

俯卧于训练椅上，双臂向前伸直，左手置于右手上，双腿向后伸直，双脚脚背绷直，脚尖稍朝内。

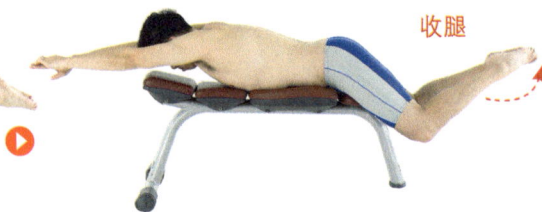

收腿

双腿屈膝回收，脚跟向臀部靠近，脚背绷直，双臂保持不动。

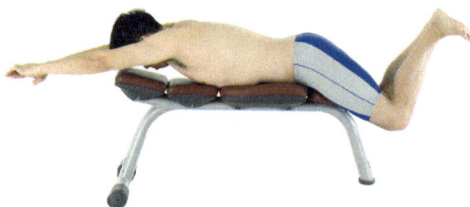

小腿尽量靠近大腿。双脚外翻，脚板勾起，脚底朝上，脚尖朝外。

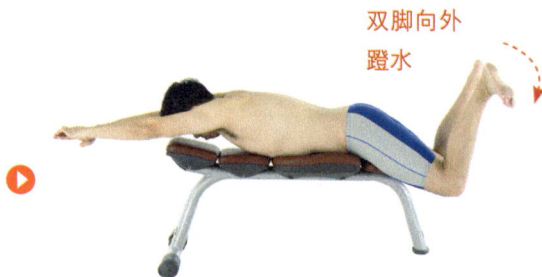

双脚向外蹬水

双脚外翻后尽量分开，脚踝放松，脚跟的间距大于双膝，脚和小腿内侧对着蹬水方向。

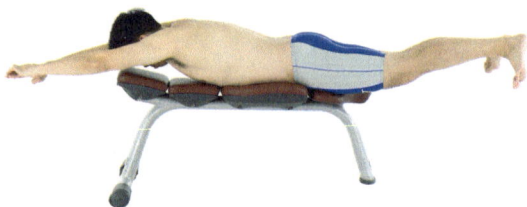

脚掌外翻蹬水后，双腿径直向下方打出，不要出现向左或向右蹬的动作。

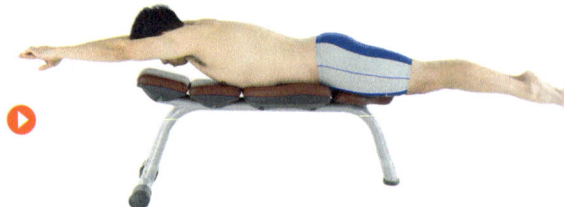

打水结束时脚跟加速内旋，双腿绷直自然并拢。回到起始位置，如此反复进行练习。

💡 **小提示**

掌握好蛙泳腿部动作对于提高蛙泳游进速度非常重要，其中蹬夹腿动作注重节奏的变化，整个动作过程中的速度由慢到快，力量由小到大。注意蹬夹腿力度不要过大，否则会造成动作不协调。

第5章 | 蛙 泳

技巧
092

▶ **坐姿打水**

等级 ★★☆☆☆　　⏱ 时间　1~3分钟

扫一扫，看视频

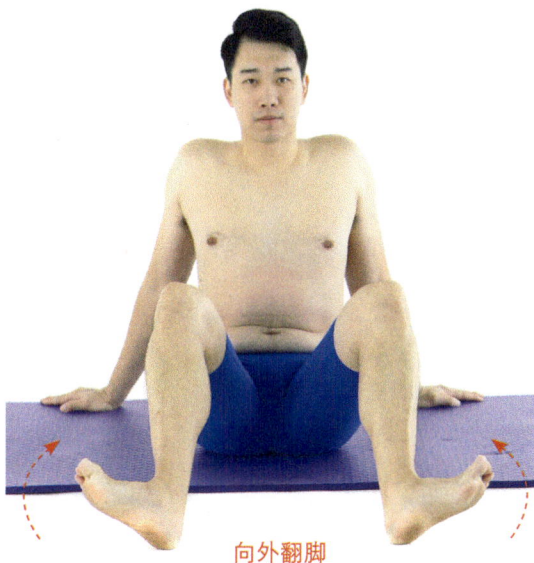

向外翻脚

💡 **小提示**

坐姿打水练习可以让练习者在陆上清晰地感受腿部完整的动作和用力方法，练习过程中腹部和大腿同时发力，整个动作由慢到快地连贯进行。

坐于瑜伽垫上，双手撑在身体后方，上身后仰，双腿屈膝分开，脚跟着地，脚掌外翻，目视前方。

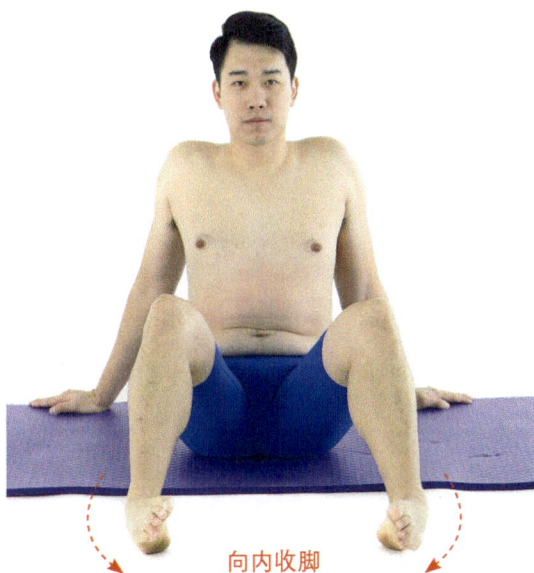

向内收脚

🔑 **技术要领**

蹬夹力度

双脚向外翻时，为了使大腿能充分发挥力量，脚和小腿内侧要对准蹬水的方向。初学者在练习时注意收腿不要过度，蹬夹腿时翻脚及时，两膝间距合适，蹬夹水后两腿靠拢。

外翻后，双脚内旋，做向内收脚蹬夹动作，双脚绷直，上身保持不动。如此反复进行收脚、翻脚、蹬夹和停顿的动作，练习时注意腿部动作的完整性和连贯性。

蛙泳

▶ **跳起夹水**

扫一扫，看视频

等级 ★★★★★　　⏱时间 3分钟

双脚分开，略宽于肩，双手自然放于身体两侧，目视前方。

双脚外旋

以双脚脚跟为轴，脚尖向外旋转至最大限度，上身保持不动。

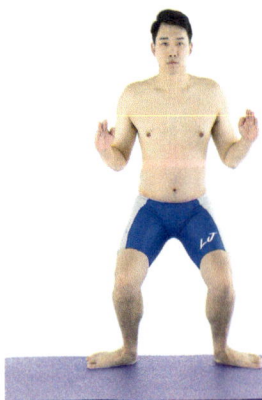

双腿屈膝下蹲至双膝间距与肩宽同，同时双臂屈肘置于胸部两侧。

跳起

双脚蹬地，借助膝部回弹的力向上跳起，双臂向上伸直，双手交叠，双腿靠拢。

双脚自然落下，然后回到起始位置，如此反复进行练习。

第5章 蛙泳

▶ 蛙泳腰部练习

等级 ★★☆☆☆　　**时间** 1~3分钟

扫一扫，看视频

上身向前俯

双脚分开，与肩同宽，挺胸抬头，双手自然放于身体两侧，目视前方。

上身向前俯，同时双腿和双臂微屈，保持背部平直。

双腿伸直，同时向上起身。

🔑 技术要领

控制背部起伏

练习蛙泳时，要控制背部的起伏不要过大，最好能够将背部露于水面之上，初学者在练习时尽量将背部贴近水面，如果背部起伏过大，会使阻力增大。

向前俯身，然后回到起始位置，如此反复进行练习。通过练习增强腰部及躯干的力量，初步体会在水中波浪式起伏的感觉。

蛙泳

▶半陆半水腿部打水

等级 ★★★☆☆　　⏱时间 3~5分钟

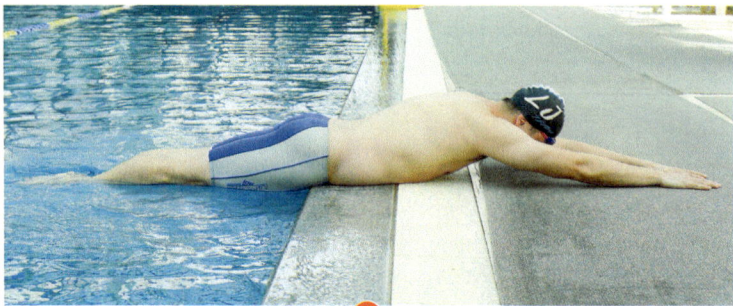

💡 **小提示**

该练习可以帮助初学者在没有视觉帮助的情况下，依靠肌肉和运动感觉来练习蛙泳的腿部动作，同时感受腿部动作在水中形成的推进力。

point
双脚脚跟外翻

身体在池边呈俯卧姿势，双臂向前伸直，肩部放松，身体尽量平卧。双腿向后伸直，处于水中。

双腿屈膝回收，脚跟向臀部靠拢，小腿尽量贴近大腿。双脚外翻，脚板勾起，脚底朝上，脚尖朝外。

双脚外翻后尽量分开，脚踝放松，脚跟的间距大于双膝，脚和小腿内侧对着蹬水方向。

双腿径直向下方打出。回到起始位置，如此反复进行打水练习。

第5章

蛙泳

技巧
096

▶ **水中借助浮板打水**

等级 ★★★☆☆　　⏱ 时间　3~5分钟

扫一扫，看视频

point
双腿收回，脚掌外翻

俯卧于水中，双手握紧浮板，双臂向前伸直，肩部放松，腹部收紧，保持身体平稳。头部入水，双脚屈膝收回，脚跟向臀部靠拢，小腿尽量贴近大腿。双脚外翻，感受水的阻力，注意双脚不能出水。

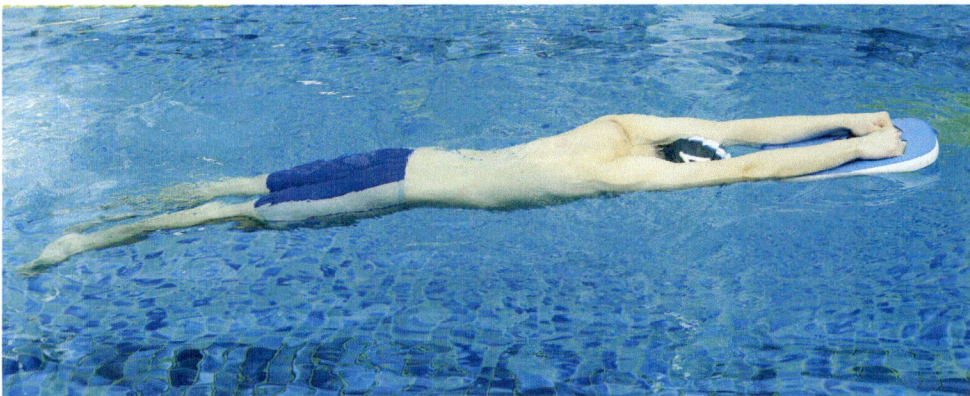

收腿完成后，双腿径直向下方打出，做蹬夹水动作。在收腿结束的同时完成翻掌抓水。在蹬夹结束后的滑行阶段抬头吸气。如此反复进行打水练习。

💡 **小提示**

借助浮板，身体在水面平稳漂浮，练习者不但可以感受腿部动作产生的推进力，还可以在练习中改正错误动作。

蛙泳

▶ **徒手水中打水**

等级 ★★★☆☆　　⏱ 时间　3~5分钟

俯卧于水中，双臂向前伸直，左手放在右手上，双腿向后伸直，腹部收紧，身体呈流线型姿势，保持平稳。

双腿屈膝回收，脚跟向臀部靠拢，小腿尽量贴近大腿。双脚外翻，脚底朝上，脚尖朝外。

双脚外翻后尽量分开，脚踝放松，脚跟的间距大于双膝，脚和小腿内侧对着蹬水方向。

双腿径直向下方打出。回到起始位置，如此反复进行打水练习。

point
以脚跟为轴，双脚外翻

🔑 **技术要领**

呼吸节奏

初学者在做此练习时由于没有浮板的支撑可能会出现无法抬头的情况，这时可以尝试多次蹬腿，呼吸一次帮助抬头，然后逐渐过渡至蹬腿一次，呼吸一次。

蛙泳

▶配合呼吸打水

等级 ★★★☆☆　　⏱时间 3~5分钟

扫一扫，看视频

俯卧于泳池中，双臂向前伸直扶池边，双腿向后伸直，头部露出水面，腹部收紧，使身体平稳地漂浮在水面上。

深吸一口气，面部浸入水中。同时双腿屈膝收回，脚跟向臀部靠拢，小腿尽量贴近大腿。双脚外翻，脚底朝上，脚尖朝外。

双腿径直向下方打出，腿部蹬夹动作完成后并拢，身体保持漂浮姿态。慢慢呼气，然后头部露出水面吸气。如此反复进行打水练习。

point
双脚外翻且尽量分开

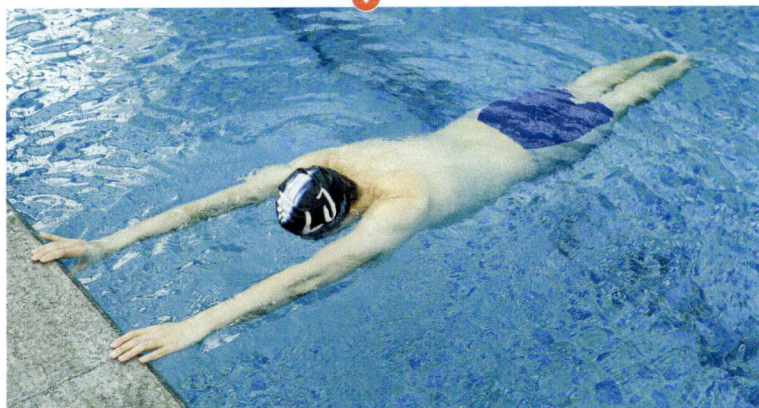

🔑 **技术要领**

水中呼气

水中呼气不像在陆上呼气那样顺畅，容易断断续续，导致呛水。正确的做法是将面部浸入水中，用嘴或鼻子慢慢呼气，一定时间后起身，如此反复练习。

蛙泳

▶蛙泳手臂动作

等级 ★★☆☆☆ 时间 1~3分钟

扫一扫，看视频

手掌外翻

双臂向两侧打开

双脚分开，与肩同宽，上身向前俯，双臂向前伸直，双手食指相触，掌心向下。

肩关节稍向内旋转，掌心由向下转为向外。

手掌外翻的同时双臂逐渐向两侧打开，保持身体平稳。

💡 小提示

在整个内划过程中，动作要以迅速、连贯的方式来完成。尤其是最后夹肘收手的阶段，速度不能减慢，要加速完成。

内划收手后，大臂贴紧身体，肘关节低于手的位置，双手掌心朝内。

肩关节带动手臂向前伸直，同时掌心由向内转为向下。回到起始位置，如此反复进行练习。

技术要领

手臂划水的推进力

蛙泳游进时，手臂前伸到外划动作的速度要比身体就近的速度快，外划到抓水的动作速度逐渐降低至与游进速度相近。内划时，要以最大力量做好每个动作细节，从而获得最大的推进力。

内划收手

双臂打开至大约45度时，双臂屈肘，掌心由向外逐渐转为向内，手腕弯曲，向内划水。

将水推向身体内侧，双手在肩下方合拢，此时上身处于较高的位置。

其他角度

蛙泳

▶ 蛙泳连贯动作

扫一扫，看视频

等级 ★★★☆☆　　🕐 时间　3~5分钟

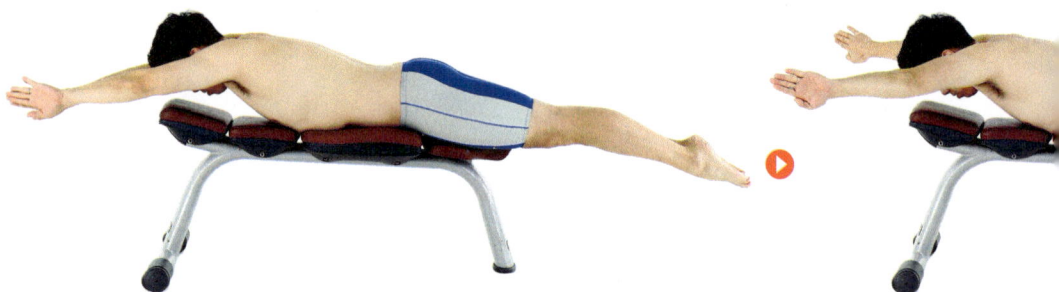

俯卧于训练椅上，双臂向前伸直，肩关节稍向内旋转，双手掌心朝外，双腿向后伸直，双脚脚背绷直，脚尖稍朝内。

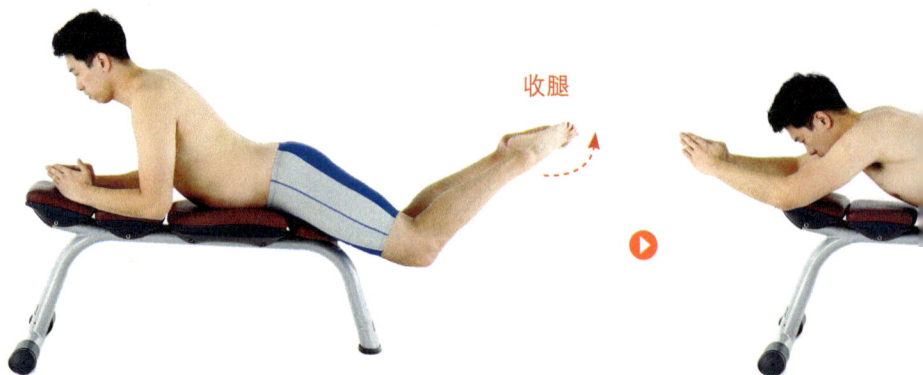

收腿

屈肘，大臂贴紧身体，肘关节的位置低于手，双手合拢，此时上身处于较高的位置。同时双腿屈膝收回，脚跟向臀部靠拢，脚背绷直。

其他角度

💡 **小提示**

练习蛙泳时，头部不断上下起伏，这时要将肩部放松，这样不但能使肩部更加灵活，还能扩大活动范围和幅度。

髋部姿势

在蛙泳的游进过程中，每次伸臂划水的同时，髋部都呈小波浪形向前上方移动，注意利用腰部力量把上身拉起，以防止腿部立起增大阻力面。

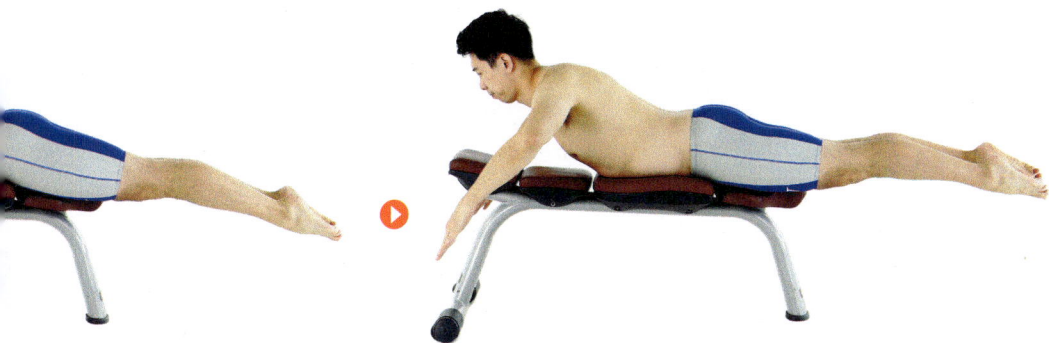

手掌外翻的同时双臂逐渐向两侧打开，保持背部平直，双腿不动。

手臂打开至大约45度时，双臂屈肘，掌心由向外转为向内，手腕弯曲，向内划水。

双脚向外蹬水

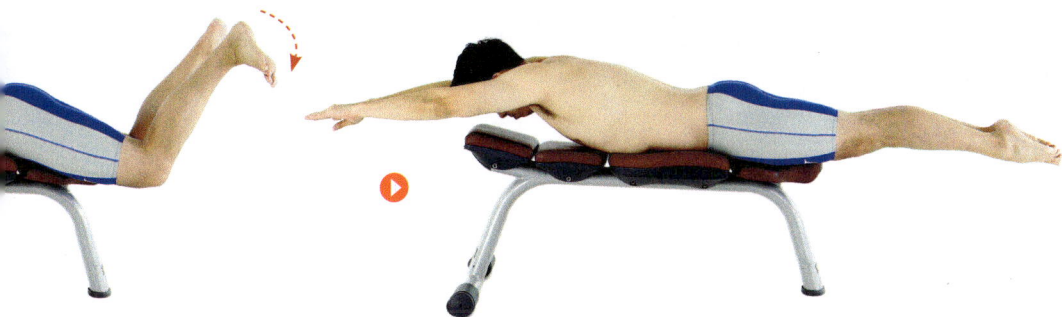

双臂在肩关节的带动下向前伸，双脚外翻后尽量分开，脚踝放松，脚和小腿内侧对着蹬水方向。

双臂向前伸直，双手食指相触，掌心向下，同时双腿径直向下方打出。回到起始位置，如此反复进行练习。

蛙泳

▶陆上模拟划水

等级 ★★★☆☆　　⏱时间　3~5分钟

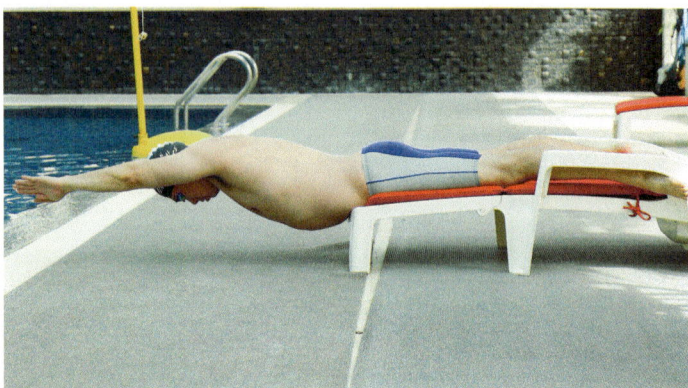

point
双臂向两侧打开

俯卧于一个能够让双臂有充足划动空间的长凳上，双臂向前伸直，肩关节稍向内旋转，双手掌心朝外，双腿向后伸直固定不动，目视下方。

屈肘，大臂贴紧身体，肘关节的位置低于手，双手在肩下方合拢，此时上身处于较高的位置。

🔑 技术要领

观察手臂的运动轨迹

在陆上模拟划水可以通过双眼观察手臂划水的轨迹和用力部位，牢记于心，在真正下水后也能做出准确的动作。

✕ 错误动作

内划时肘部过于紧缩。

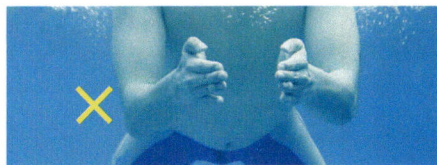

肘部下沉过度，双手未合拢。

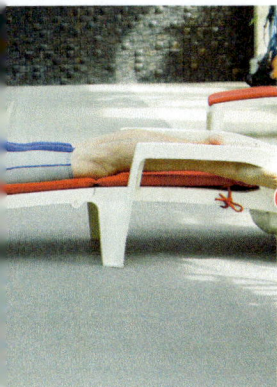

双臂伸直，逐渐向两侧打开。

手臂打开至大约45度时，双臂屈肘，掌心由向外转为向内，手腕弯曲，向内划水。

双臂在肩关节的带动下向前伸。

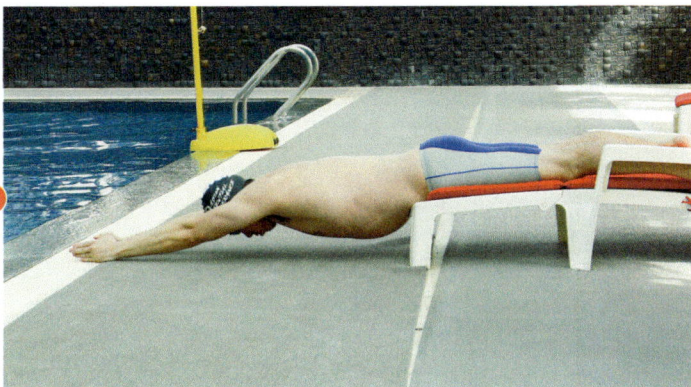

双臂向前伸直，然后回到起始位置，如此反复进行划水练习。

💡 小提示

在练习蛙泳划水时，可以配合呼吸有节奏地进行，从而熟练掌握划水的呼吸配合方式。

蛙泳

▶ **半陆半水划水**

扫一扫，看视频

等级 ★★★☆☆　　⏱时间 3~5分钟

俯卧于池边，双臂向前伸直，掌心稍朝外。肩部放松，背部平直，身体尽量平卧，胸部以下处于岸上。双腿向后伸直，目视下方。

point
在水下内划收手

将水推向身体内侧，双手在肩下方合拢，此时上身处于较高的位置，换气。

双臂向前伸直，同时掌心转为向下。回到起始位置，如此反复进行划水练习。

通过视觉的帮助初步练习水中划水动作，掌握划水动作与呼吸之间的配合方式。练习时要记住各个动作的顺序和节奏，不要出现伸臂后急于将头部露出水面呼吸的情况，否则会造成节奏混乱、动作不协调。

双臂伸直，逐渐向两侧打开。

手臂打开至大约45度时，双臂屈肘，掌心由向外转为向内，手腕弯曲，向内划水。

内划收手后，屈肘，大臂贴紧身体，肘关节的位置低于手，双手掌心朝内。

双臂在肩关节的带动下向前伸。

🔑 技术要领

内划

整个内划的过程应该以积极、快速、圆滑的方式来完成，尤其是最后在肩下方夹肘收手的动作不应该减速，而要加速完成。内划时，大臂和小臂的角度一直在发生变化，以发挥出个人的最大力量为准。

技巧 103

蛙泳

▶水中站立划水

等级 ★★★☆☆ ⏱时间 3~5分钟

扫一扫，看视频

站于泳池中，双臂向前伸直，双手并拢，身体向前俯，面部没入水中。

双臂分别向两侧移动，腹部收紧，保持身体稳定。

双臂伸直，到达与肩同宽的位置时，肩关节内旋，掌心向外翻转。

point
双臂向外划水

手掌翻转的同时手臂逐渐向两侧打开。最初控制水流要通过手心，之后慢慢地扩展到整个手臂。

双臂屈肘，掌心由向外转为向内，手腕弯曲，向内划水。

将水推向身体内侧，双手在身前合拢，此时面部露出水面，吸气。

肩关节带动双臂向前伸直，同时掌心转为向下。回到起始位置，如此反复进行练习。

第5章

技巧
104

蛙泳

▶ 蛙泳橹状划水

扫一扫，看视频

等级 ★★★☆☆　　⏱ 时间　3~5分钟

小提示

蛙泳橹状划水对于掌握抱水时的手形是非常有益的练习。练习时，双臂伸展，通过翻转手掌反复划水，注意划水时身体保持平稳，依靠双腿打水向前滑动。

point
双手掌心朝外向两侧打开

在泳池中呈俯卧姿势，深吸一口气，面部浸入水中。双臂向前伸直，双手相触，双腿向后伸直。

肩关节稍内旋，掌心由向下转为向外，双臂慢慢向两侧打开，双腿交替打水。

双臂继续向两侧打开，同时双手掌心由向外转为向内。

双臂慢慢收回至头部前方，保持双腿交替打水，如此反复进行划水练习。

蛙泳

▶ 1次打水1次划水

等级 ★★★★☆　　时间 3~5分钟

扫一扫，看视频

小提示

在游蛙泳时，双臂和双腿容易同时弯曲。可以通过此练习进行矫正，在1次打水后，进行1次划水，将划水和打水的动作配合练习。

point
双臂内划收手

在泳池中呈俯卧姿势，双臂屈肘向两侧打开，手腕弯曲，向内划水。

内划后，肘部弯曲，大臂贴紧身体，此时头部露出水面进行吸气。双腿同时屈膝收回。

双臂在肩关节的带动下向前伸，双脚外翻后径直向下方打出。完成一次飞踢和划水。

蛙泳

第5章

技巧 106

▶ **水上完整动作**

等级 ★★★★☆ ⏱ 时间 5分钟以上

俯卧于泳池中，双臂向前伸直，肩关节稍向内旋转，双手掌心朝外，头部浸入水中，双腿向后伸直。

手掌外翻的同时双臂逐渐向两侧打开，注意保持身体平稳。

手臂打开至大约45度时，双臂屈肘，掌心由向外转为向内，手腕弯曲，向内划水。

内划后，肘部弯曲，大臂贴近身体，此时上身处于较高的位置，吸气。同时双腿屈膝收回，脚跟向臀部靠拢，脚背绷直。

双脚外翻后尽量分开，同时双腿径直向下方打出。

双臂向前伸直，同时头部浸入水中，呼气。腿部完成蹬夹动作后并拢，向前滑行，如此反复进行练习。

蛙泳

▶ 水下完整动作

等级 ★★★★☆   时间 5分钟以上

俯卧于泳池中，双臂向前伸直，掌心朝下。头部浸入水中，双腿向后伸直，使身体呈一条直线。

point
双臂向两侧打开

肩关节稍向内旋转，手掌外翻的同时双臂逐渐向两侧打开，慢慢呼气。

双臂屈肘，掌心由向外转为向内，手腕弯曲，向内划水，同时双腿屈膝收回，头部露出水面，吸气。

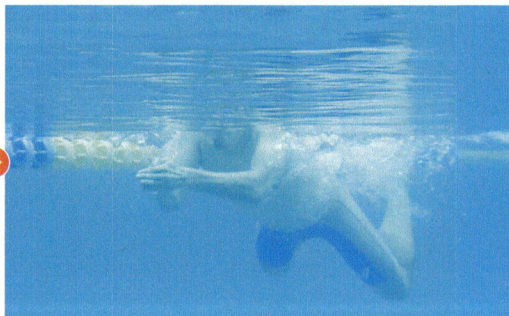

双手在肩下方合拢后前伸，脚跟向臀部靠拢，脚背绷直。

双臂在肩关节的带动下向前伸直，双脚外翻后尽量分开，脚踝放松，脚和小腿内侧对着蹬水方向。

双臂前伸的过程中掌心转为向下，双腿径直向下方打出，同时头部浸入水中，呼气，腿部完成蹬夹动作后并拢，向前滑行，如此反复进行练习。

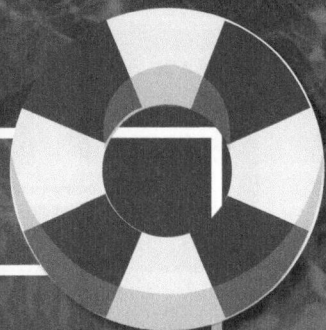

第6章

蝶泳

蝶泳是由蛙泳演变而来的，其动作节奏鲜明，双臂与双腿做对称运动，躯干在水中不断做波浪形动作以产生较大的推进力。从外形来看，蝶泳的动作像展翅飞舞的蝴蝶，由于蝶泳中上下打腿的动作与海豚的游泳动作非常相似，所以蝶泳也被称为"海豚泳"。

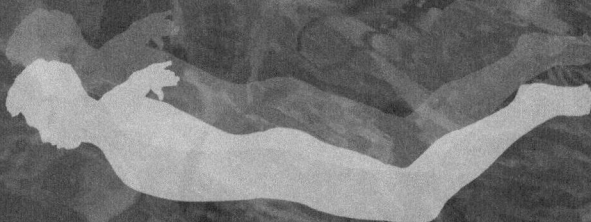

▶蝶泳腿部动作

等级 ★★☆☆☆　　🕐 时间　2~3分钟

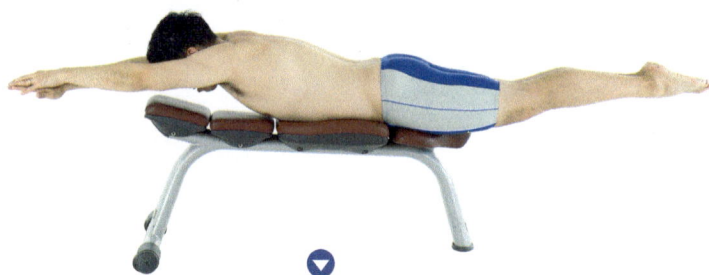

🔑 **技术要领**

踝关节

蝶泳打水过程中，踝关节保持柔韧性，且稍稍内旋，有助于打水动作的发挥。

向上打水

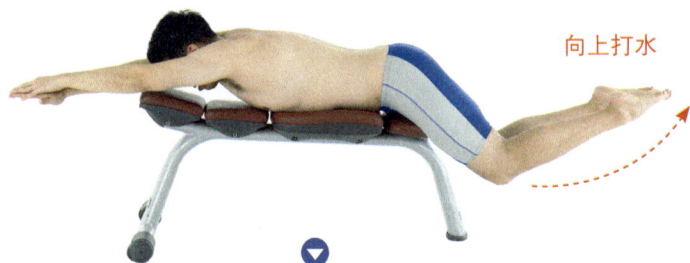

俯卧于训练椅上，双臂向前伸直，左手置于右手上，双腿向后伸直，脚背绷直。

向下打水

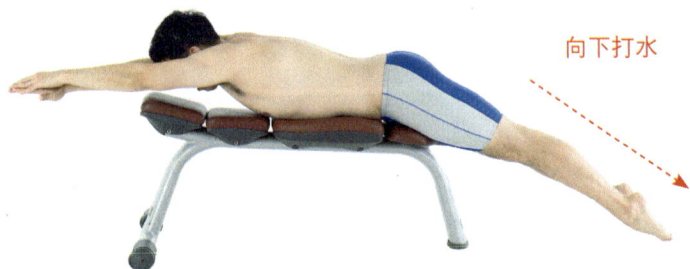

双腿自然并拢，双脚稍内扣。臀部下沉，双腿屈膝向上摆，直到双脚达到水面位置。

大腿下压，小腿随大腿加速向下打水，膝关节伸直，双脚放在最低点。

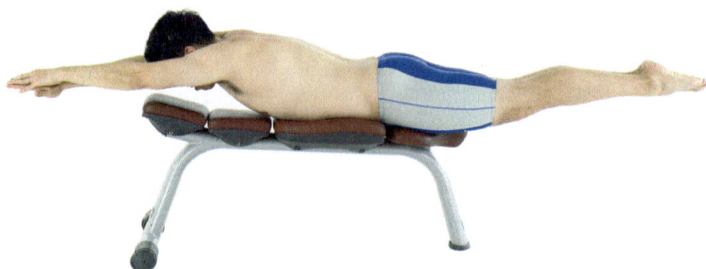

大腿向上移动至与躯干在同一直线上。回到起始位置，如此反复进行练习。

蝶泳

▶ **站立蝶泳腿部模拟练习**

等级 ★★★★★　　⏱时间 1~3分钟

扫一扫，看视频

前倾　　　直立　　　后倾

双脚自然分开，站在瑜伽垫上。双臂在头顶上方伸直，双手交叠，上身前倾。

上身后移，回到直立位，保持身体稳定，背部平直。

髋关节发力，大腿带动小腿做波浪动作，脚跟微微抬起，上身后倾。

双腿屈膝，脚尖着地，躯干发力带动腿部使重心后移。

保持脚尖着地，身体重心位于髋部，回到中间位置，上身前倾。

双腿伸直，重心前移，身体保持稳定，如此反复进行练习。

▶ 徒手打水

等级 ★★★☆☆　　🕐 时间　1~3分钟

扫一扫，看视频

呈俯卧姿势在水面漂浮，双臂向前伸直，双手相叠，双腿向后伸直，保持身体平稳。

腰部发力带动小腿向上弯曲，臀部下沉，踝关节放松，完成上打水。

point
双腿向上打水

大腿下压，大腿带动小腿加速向下打水，膝关节伸直，双脚脚背绷直。

下打水完成后，大腿向上移动，回到起始位置，如此反复进行练习。

point
双腿向下打水

💡 **小提示**

练习过程中，核心收紧，身体呈波浪式摆动。提升身体的控制能力，让身体姿态更接近于真正的蝶泳姿态。

第6章

蝶泳

技巧
111

▶ 反蝶泳打水

等级 ★★★☆☆   ⏱时间 1~3分钟

扫一扫，看视频

呈仰卧姿势在水面漂浮，双臂伸直，举过头顶，右手叠在左手上。腹部发力，双腿屈膝，带动大腿和小腿进行上打水。

point
下打水

大腿下压，加速向下打水，此过程中头和手臂可以轻微地起伏，注意动作的发力点是髋部而不是膝部。

其他角度

技巧
112

▶ # 水中垂直打水

等级 ★★★☆☆　　⏱时间 1分钟

point
小腿屈曲至水平

站于泳池中，双手在胸前抱住浮板，使头部露出水面，接着运用躯干的力量带动小腿向后弯曲至与水面基本平行。

身体重心后移，同时双腿向前打水，使膝关节伸直，注意保持身体平稳，如此反复进行练习。

🔑 **技术要领**

借助道具

初学者在开始阶段如果无法正常地运用躯干力量控制腿部，可以通过佩戴脚蹼进行练习。脚蹼宽大，可以为游泳提供很大的推进力。

第6章 蝶泳

技巧 **113**

▶ **蝶泳手臂动作**

等级 ★★☆☆☆　⏱时间 2~3分钟

扫一扫，看视频

下划

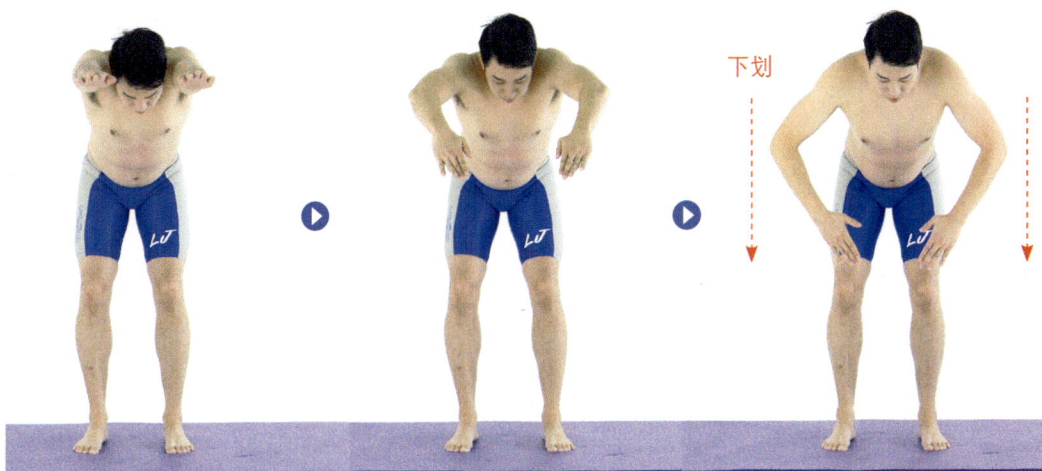

双脚分开，与肩同宽，站在瑜伽垫上。双臂向前伸直，掌心朝下，上身前倾，目视下方。

双臂屈肘，手掌向下划水。

双臂继续下划至肘关节呈90度~100度，此时两手之间的距离最近。

出水移臂

逐渐伸肘、伸腕，掌心由向后转为向上，双臂向后划水至大腿后方。

肩部带动双臂向上提肘出水，出水时掌心朝内，小指先出水，以减小出水的阻力。

双臂在肩部的带动下，在身体两侧沿低平的抛物线向前摆动至头部前方。回到起始位置，如此反复进行练习。

蝶泳

技巧
114

▶ **一臂练习**

等级 ★★☆☆☆　　⏱时间 1~3分钟

扫一扫，看视频

双臂与肩部在
同一水平线上

双脚自然分开，双臂在头顶上方伸直，掌心朝前，目视前方。

双臂向两侧下移至与肩部平行，身体保持稳定。

双臂继续下移至身体两侧，手臂不要屈肘，保持掌心朝前。

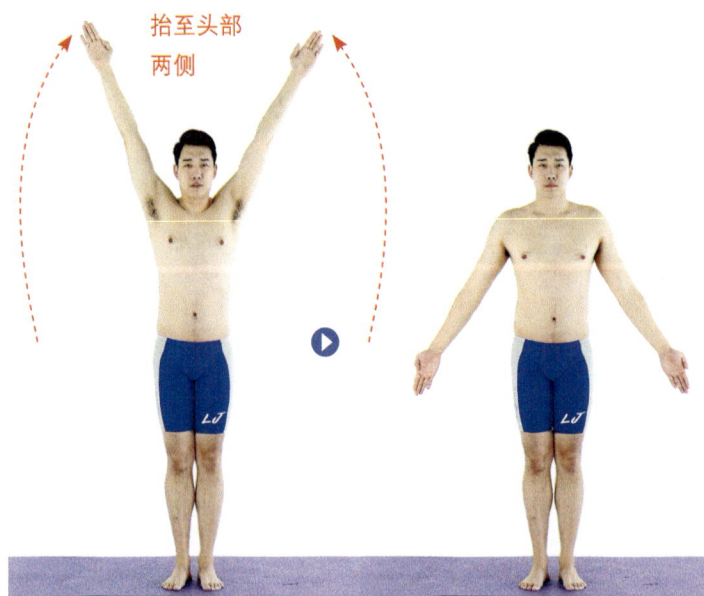

抬至头部
两侧

💡 **小提示**

蝶泳手臂的划水动作在整个游进过程中产生主要的推进力，手臂划水的轨迹呈S形曲线。

双臂向上抬起至头部两侧并呈45度夹角。

双臂下移至与身体两侧呈45度夹角。回到起始位置，如此反复进行练习。

第6章　蝶泳

技巧 115

▶ **俯身一臂练习**

等级 ★★☆☆☆　　时间 1~3分钟

扫一扫，看视频

双臂向两侧打开

双脚分开，与肩同宽，双臂向前伸直，掌心朝下，上身前倾，目视下方。

手臂保持伸直，在肩关节的带动下逐渐向两侧打开。

双臂继续打开至与肩部平行的位置，保持身体平稳。

向后移至最大限度

肩关节带动双臂向后移动。

双臂向后移动至最大限度，充分拉伸手臂和肩部肌群。回到起始位置，如此反复进行练习。

蝶泳

▶ **单侧手臂和腿部动作**

等级 ★★☆☆☆　　⏱ 时间　1~3分钟

下划

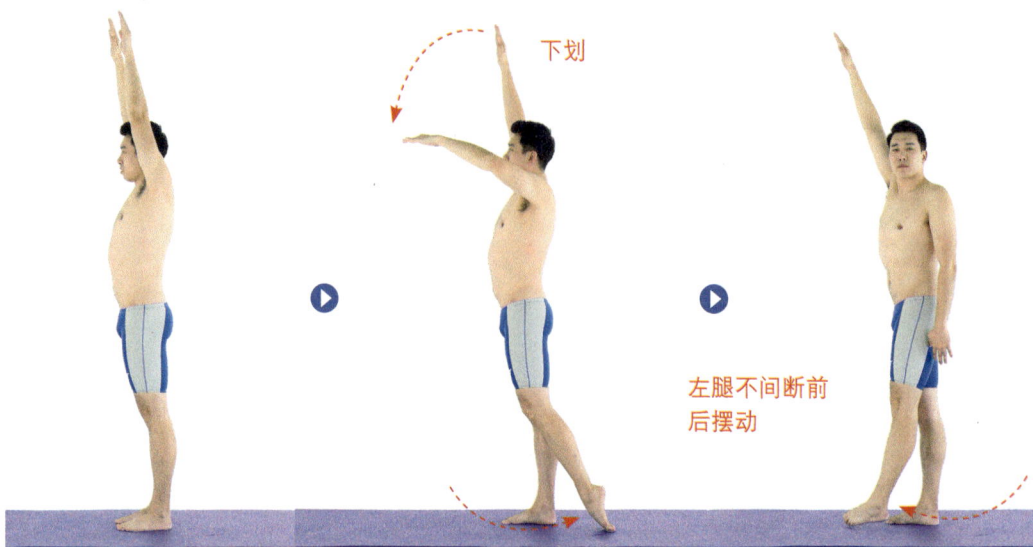

左腿不间断前
后摆动

双脚自然分开，站在瑜伽垫上，双臂在头顶上方伸直，掌心朝前，目视前方。

左臂下划，同时左腿向后摆动，脚尖点地，右臂保持不动。

左臂继续下划至体侧，身体随之向左转动，同时左腿向前摆动，做打水动作。

左臂从身体左后方绕向头顶

左臂从体侧向身体左后方抬起，左腿向后打水。

左臂向上绕向头顶，同时左腿向前屈膝打水。

左臂向前移动至与右臂平行，左腿一直随着左臂的移动前后摆动，如此反复进行练习。

第6章

蝶泳

技巧 117

▶ **蝶泳换气**

等级 ★★☆☆☆　⏱时间 2~3分钟

扫一扫，看视频

双脚分开，与肩同宽，站在瑜伽垫上。双臂向前伸直，掌心朝下，上身前倾，目视下方。

双臂屈肘，在两肩的延长线上，手掌向下划。

双臂向后划至大腿后方。

逐渐伸肘、伸腕，肩部带动双臂向上提肘出水，头部露出水面，吸气。

双臂在肩部的带动下，在身体两侧沿低平的抛物线向前移动。

双臂向前移动至头部前方。回到起始位置，如此反复进行练习。

💡 **小提示**

蝶泳的换气是通过手臂外划和内划时产生的向上的力，在身体波浪起伏后，头部露出水面进行的。在空中移臂时迅速低头，以降低抬头对身体稳定的影响。

技巧
118

蝶泳

▶ **站立划水配合呼吸**

扫一扫，看视频

等级 ★★★☆☆　　　⏱时间 1~3分钟

站于水中，双臂向前伸直，掌心向下，上身前俯并低头。

双臂屈肘下划，掌心由向下转为向内，头部随之上移。

双臂继续下划至大腿两侧，同时头部露出水面，吸气。

point
肩部带动双臂出水

双臂向后划至身体后方，逐渐伸肘、伸腕。肩部带动双臂向上提肘出水，小指先出水，减小出水的阻力，头部向下准备入水。

在肩部的带动下，双臂在身体两侧沿低平的抛物线向前移动。

双臂向前移动至头部前方，同时面部浸入水中。回到起始位置，如此反复进行练习。

第6章　蝶泳

技巧 119

▶ **蝶泳连贯动作**

等级 ★★★☆☆　　⏱时间 3~5分钟

扫一扫，看视频

向下划

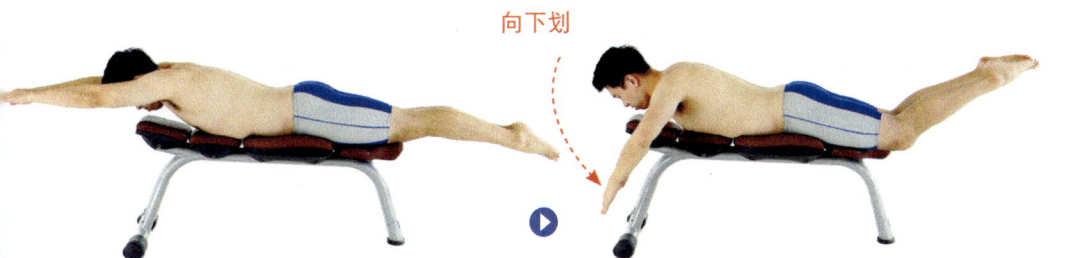

俯卧于训练椅上，双臂向前伸直，掌心朝下。双腿向后伸直，脚背绷直，目视下方，身体呈一条直线。

双臂屈肘，手掌向下划。同时双腿屈膝向上摆，脚尖稍内扣，直到双脚达到水面位置。

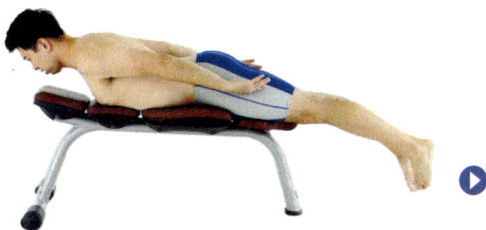

逐渐伸肘、伸腕，掌心由向后转为向上，双臂向后划至大腿后方。同时大腿下压，加速向下打水。

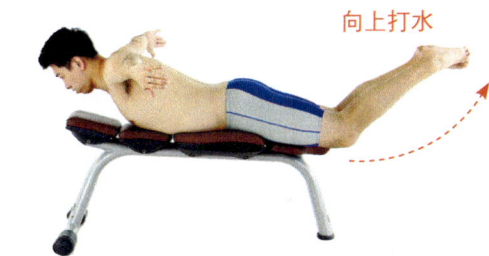

向上打水

肩部带动双臂向上提肘出水，出水时掌心朝内，小指先出水，减小出水的阻力。双腿继续屈膝上抬至与水面平行的位置。此时头部露出水面，吸气。

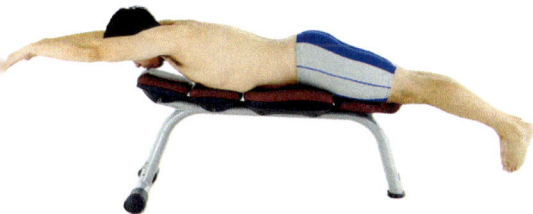

双臂向前移动至头部前方，同时双腿向下打水，膝关节伸直，双脚放在最低点，如此反复进行练习。

🔑 **技术要领**

上打水

上打水动作主要产生向上的力以维持身体的平衡，它是借由整个躯干形成波浪形态所产生的惯性带动进行的。

蝶泳

▶ **4次打水1次推进**

等级 ★★★★☆　　🕐 时间　3~5分钟

扫一扫，看视频

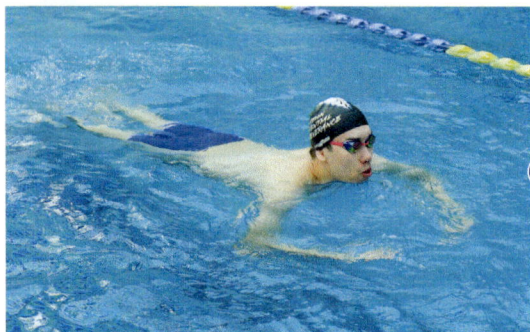

俯卧在水面上，双腿向后伸直，双臂屈肘在胸前划水，保持身体平稳，头部露出水面进行吸气。

收下颌，头部浸入水中，双臂向前伸直。

双腿屈膝向上摆，双臂随之上移。

双腿再次向下打水，双臂没入水中。完成第2次打水。

point
身体浸入水中，双腿向上摆

小提示

此动作是蝶泳中加强腿部力量的练习，进行4次打水，身体向前推进1次。第1次打水时一般发力更强，由此可以掌握第2次打水前进的感觉。第2次打水后，身体向前推进。

point
双腿带动身体进行上打水

双腿屈膝向上摆，脚尖稍内扣，同时双臂向上抬至与水面平行的位置。

大腿下压，双腿加速向下打水，双臂随之没入水中。完成第1次打水。

双臂屈肘，手掌向下划水，同时双腿屈膝上摆，头部露出水面进行吸气。

双臂向后划水至大腿后方，同时大腿下压，加速向下打水，身体随之跃出水面，向前推进。完成第3次打水。

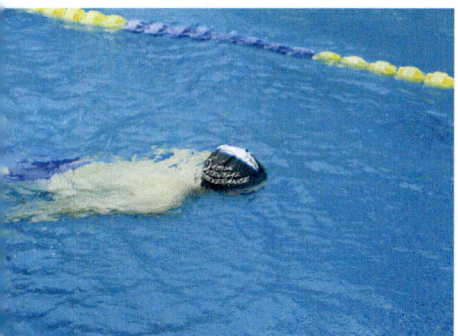

双臂保持在体侧，身体浸入水中，双腿继续屈膝向上摆。

双腿向下打水，身体随之上移。完成第4次打水。回到起始位置，如此反复进行练习。

蝶泳

▶ **4次打水1次划水1次推进**

等级 ★★★★☆　　⏱时间 3~5分钟

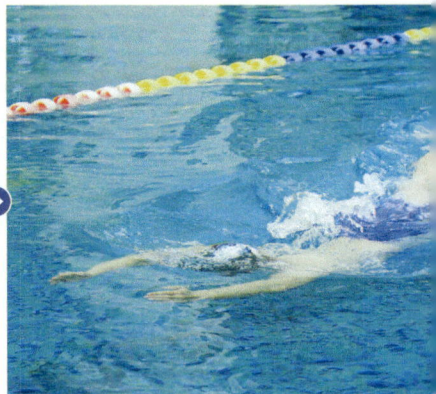

point
肩部提拉双臂出水

💡 **小提示**

这是通过打水来游进的蝶泳练习，进行4次打水，1次双臂划水，身体向前推进1次。为了提高蝶泳的游进速度，借助前3次打水，身体保持流线型姿势向前推进。注意打腿动作和游泳姿态相互配合。

point
双腿带动身体进行下打水

俯卧在水面上，双臂向前伸直，面部浸入水中，双腿向后伸直。

双腿屈膝向上摆，脚尖稍内扣，同时双臂上移。

大腿下压，双腿加速向下打水，双臂随之没入水中。完成第1次打水。

双腿屈膝向上摆，双臂随之上移。

双腿向下打水，双臂没入水中。完成第2次打水。

双腿继续屈膝向上摆，双臂随之上移。

双腿再次向下打水，双臂没入水中。完成第3次打水。

双臂向后划水至大腿后方，肩部带动双臂向上提拉出水，头部随之上移，露出水面进行吸气。同时双腿屈膝上摆。

双臂向前移动至头部前方，双腿加速向下打水。完成第4次打水。

蝶泳

▶ **水上完整动作**

扫一扫，看视频

等级 ★★★★☆　　⏱ 时间　5分钟以上

俯卧在水面上，深吸一口气，收下颌，面部浸入水中。双臂入水，入水时肘部略微弯曲并略高于小臂，然后带动小臂和大臂依次入水。

双手继续向后划至身体后方，双臂逐渐伸肘、伸腕。肩部带动双臂向上提肘出水，小指先出水，以减小出水的阻力。同时双腿进行第2次打水，同时头部出水，吸气。

🔑 技术要领

背部位置

在游蝶泳时，身体起伏不要太大，要求背部保持在水面上或紧贴水面，身体起伏过大会导致阻力增大，进而会大量地消耗体力。

point
双臂下划抱水

入水后，双臂前伸，同时双腿屈膝向上摆，脚尖稍内扣，上抬至与水面平行的位置。

双臂屈肘，向下划水。掌心朝斜下方外划，然后向怀内抱水。头部随之上移。

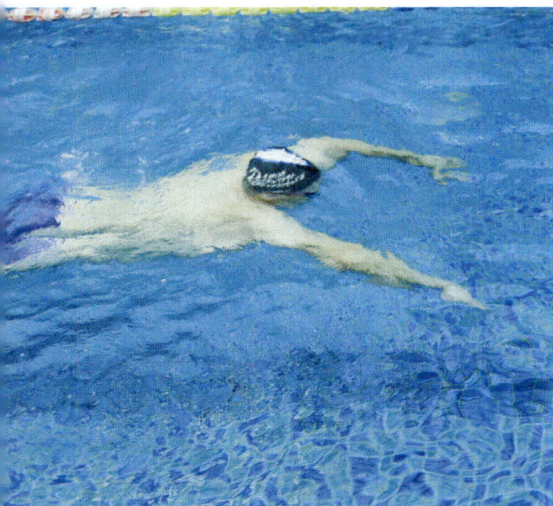

💡 小提示

在练习过程中，掌握划水及打水的路线，以及动作与呼吸的配合时机，感受游进时受到的阻力。尽量减少头部动作，这样可以让颈部放松，提高肩部的灵活性，还可以减少身体的起伏。在进行换气时，抬头的幅度不要过大，尽量保证下颌贴近水面。

在肩部的带动下，双臂向前移动至头部前方，同时面部浸入水中，双腿配合打水。回到起始位置，如此反复进行练习。

蝶泳

技巧
123

▶ **水下完整动作**

等级 ★★★★☆　　🕐时间　5分钟以上

扫一扫，看视频

深吸一口气，收下颌，头部浸入水中，双臂在两肩的延长线上入水。同时髋关节发力，双腿屈膝向上摆，脚尖稍内扣，直到双脚达到水面位置。

point
双臂空中移臂，
双腿向下打水

双臂屈肘，双手掌心转为向内，内划至肘关节呈90度~100度，此时两手之间的距离最近。双腿屈膝，进行上打水。

技术要领

控制身体力度

蝶泳相比其他泳姿难度较大，游进时身体不要用力过度，以防肌肉僵硬，从而使动作不流畅，注意要张弛有度。

错误动作

出水时，肘部弯曲过度。

入水后，双臂前伸，肩部稍内旋使手掌外翻。膝关节随着大腿下压，双腿加速向下打水。

双臂向后划至身体后方，逐渐伸肘、伸腕。肩部带动双臂向上提肘出水。双腿进行第2次打水，同时头部出水，进行吸气。

在肩部的带动下，双臂向前移动至头部前方，同时头部浸入水中，双腿配合打水。回到起始位置，如此反复进行练习。

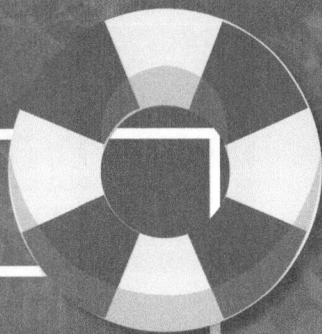

第 7 章

其他必要技术

游泳运动中除了常用的几种泳姿外，还有一些其他必要技术，如出发技术、转身技术以及终点技术等，这些技术在游泳运动中也是很重要的。掌握好这些技术不但可以提高游进速度，在比赛中还可能影响最终成绩。

▶ # 出发准备姿势

扫一扫，看视频

等级 ★★★☆☆　　　⏱时间 1分钟

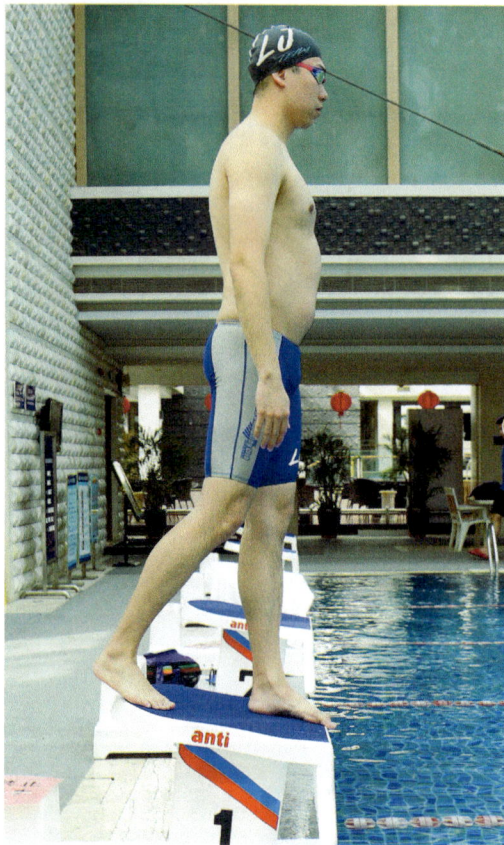

站立在出发台上，左脚在前，放于出发台边缘，右脚在后，脚跟向上抬起，双手自然放于身体两侧。

point
双腿屈膝下蹲，
重心落于右脚

听到裁判信号后，弯腰俯身，双手抓住出发台的前沿，双腿屈膝，重心落于右脚上。

🔑 **技术要领**

抓台式出发

该出发姿势是田径的起跑姿势与抓台式出发技术相结合的姿势，双腿屈膝，双手抓住出发台，使身体重心降低，充分发挥运动员的爆发力。

💡 **小提示**

在游泳比赛中，听到预备口令时，将身体向前倾，以便快速出发。注意手臂拉台时保持身体平稳，利用蹬离出发台时伸髋形成的冲力向前跃出。

其他必要技术

▶ **重心在前准备姿势**

等级 ★★★☆☆　　⏱时间 1分钟

扫一扫，看视频

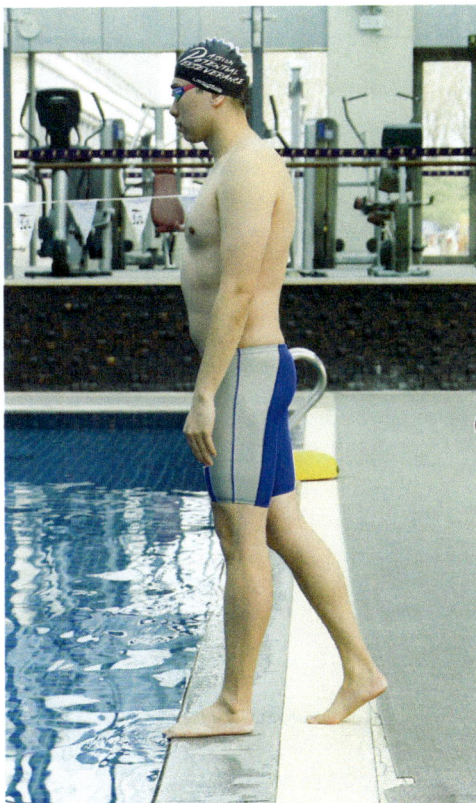

站立在池边，左脚在前，放于泳池边缘，右脚在后，脚尖点地，双手自然放于身体两侧。

point
身体重心前移

听到裁判信号后，弯腰俯身，双手抓住泳池的前沿，双腿屈膝。臀部和身体重心向前下方移动。

✗ 错误动作

重心在后的准备姿势是错误的，臀部后移，使身体重心后移，会导致双臂后拉，后脚脚跟着地，运动员蹬离池面时身体不能充分伸展，身体入水时产生的阻力增大，这样不仅出发速度会变慢，而且在比赛中会影响最终成绩。

抓台式出发

等级 ★★★☆☆　　时间 3~5分钟

听到裁判发令后，走上出发台。双脚分开，与肩同宽，站于出发台前沿，双腿屈膝，弯腰俯身，双手抓住出发台前沿，全身放松。

听到出发信号后，立即上拉手臂，使臀部和身体重心越过出发台向前下方移动，此时应屈膝、屈髋，双臂略微屈肘。

随着身体重心前移，双脚发力蹬离出发台，使身体向空中跃出。

双脚蹬离出发台后，双臂迅速向前下方伸直，头部也跟随手臂向前下方移动。身体尽量舒展，双腿并拢，各部位保持紧张，以流线型姿势入水。

point
以流线型身体姿势入水

💡 小提示

抓台式出发是通过双手抓住出发台的边缘，利用手臂拉台保持身体稳定和给予起跳动力的出发技术。注意要在听到出发信号后，立即做出反应，整个动作迅速连贯。

技巧 **127**

▶摆臂式出发

等级 ★★★☆☆　　⏱时间 2~3分钟

扫一扫，看视频

站立在池边，左脚在前，放于泳池边缘，右脚在后，脚尖点地，双手自然放于身体两侧。

point
双臂向前抬起

双臂向前抬起至，双手掌心朝下，重心微后移。

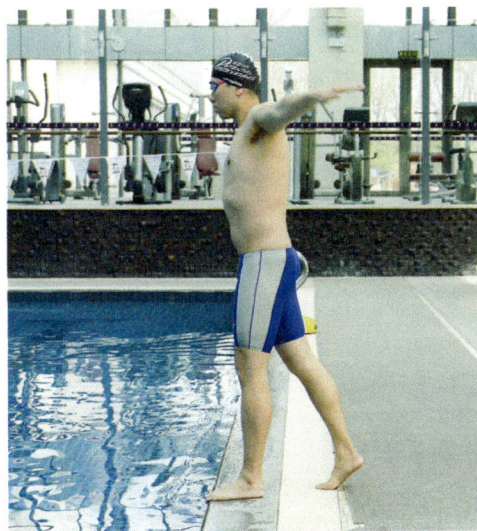

双臂向两侧打开，与肩部平行，保持身体平稳。

双臂向前、向上伸直，头夹于双臂之间，同时上身向前倾，双腿屈膝，重心降低。

其他必要技术

技巧
128

▶接力出发

等级 ★★★★☆　　⏱时间 5分钟

扫一扫，看视频

双腿前后分开站立在出发台上，双臂向前抬起，掌心朝下。通过观察水中队友的游进速度，判断该名队友触壁的时间。

point
双腿屈膝下蹲，双臂向后摆动

当队友快要到达池壁时，双腿平行站于出发台边缘，屈膝下蹲，同时双臂向后摆动，使身体重心前移，准备起跳离台。

在队友触壁的同时，双脚发力蹬离出发台，同时双臂迅速向前下方伸直，使身体向空中跃出。

双脚蹬离出发台后，身体尽量舒展，双腿并拢，各部位保持紧张，以流线型姿势入水。

💡 **小提示**

接力出发需要运动员具有较好的判断能力和熟练的配合，尤其是对于双脚蹬离出发台的时机，需要有敏锐的观察力和判断力。要娴熟地掌握技术动作，这样才能保证在队友触壁的同时双脚完全离台，并以最快的速度交接游进。

第7章 其他必要技术

▶仰泳出发

等级 ★★★★☆　　⏱时间 5分钟

听到裁判发出的第一声信号后,运动员入水,面对池壁,双手握住出发台上的握手器,双腿屈膝,贴近胸部,双脚蹬住池壁,脚与水面齐平或略低于水面。

在听到"各就位"信号时,双臂用力向上牵拉身体。

使身体大部分露出水面,同时低头含胸,运用全身力量保持身体稳定。

听到"出发"信号时,向后上方仰头吸气,双手用力推握手器并伸展膝盖,将身体向后上方推起,松开握手器后双臂随之向上摆动。

身体在完全蹬离池壁后保持挺胸、仰头的姿势,使重心不会过早下落。当双臂向前摆动超过肩部位置后,双臂和肩部开始下降,臀部和双腿继续向上,使身体呈反弓形以抛物线移动。当双臂摆至头部前方时,头部夹于双臂之间,双臂和双腿充分伸展,使身体以流线型姿势入水。

技巧
130

▶ **自由泳摸边转身**

等级 ★★★★☆　　⏱时间 3分钟

以自由泳的泳姿游向池壁，查看自身与池壁的距离，在判断出还有两次划水的距离后，伸直手臂去够池壁，双腿保持交替打水，准备转身。

右手推离池壁，身体向左侧转动，当身体侧对池壁时，头部没入水中，同时髋关节发力，双脚蹬住池壁。

小提示

自由泳摸边转身注重转身的速度，这就需要在转身前以足够快的游进速度获得前冲力，还需要锻炼身体的柔韧性让动作保持流畅协调。在水中转体后，双臂向头部前方伸直可以帮助身体沿直线前进，有助于减小前进时水对身体的阻力。

触壁后，手臂随着惯性屈肘，同时双腿屈膝，头部露出水面。

屈膝团身，同时沿着身体纵轴向左侧转体，右手放在池壁上，左手置于体侧，抬头吸气。

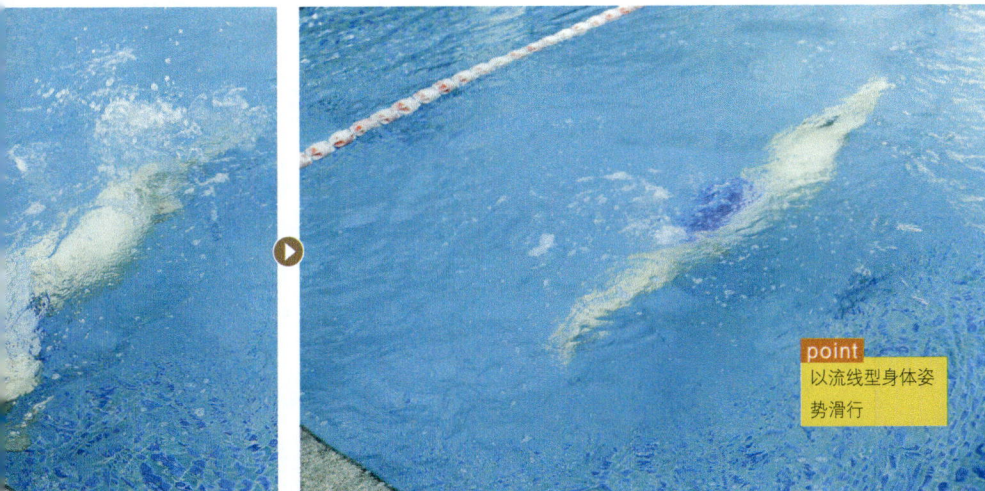

身体完全没入水中后，呈侧卧姿势。双臂在水下交叉伸直举过头顶，头部夹在双臂之间。

point
以流线型身体姿势滑行

双脚用力蹬离池壁，身体尽量伸展，并利用冲力呈流线型姿势向前滑行。

其他必要技术

▶ **自由泳翻滚转身**

等级 ★★★★☆　　⏱时间　3分钟

以自由泳的泳姿游向池壁，查看自身与池壁的距离，在最后一次划水后，左臂前伸，右臂下划，俯身向下，不再左右转体。

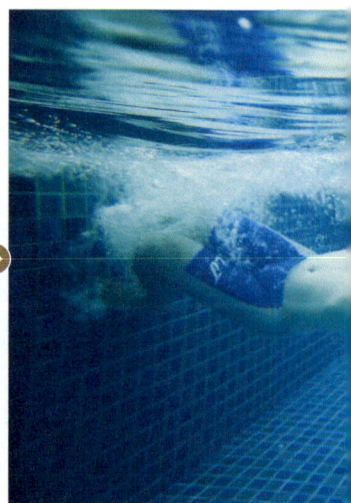

point
翻滚转身

快速踢蝶泳腿，屈曲身体，使身体向前翻滚。双手掌心转为朝下，用力向下方划水，同时双腿屈膝，将身体蜷缩收拢，加快转身速度。

技术要领

蝶泳腿

在转身时，采用蝶泳腿可以增强身体的反弹能力，帮助身体顺利收缩。转身时和池壁的距离以及转身的时机需要通过不断的练习来把握。

point
靠近池壁准备低头转身

左臂划水至胸部下方，双腿交替打水。

左臂向后推水至体侧时，双脚并拢，并且做蝶泳脚收腿。低头压肩，准备上身向下弯曲，准备进行翻滚。

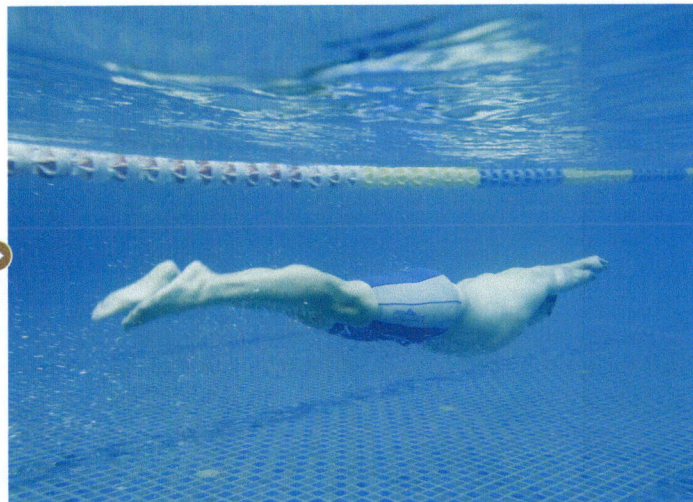

翻滚后，双腿屈膝触壁，双臂交叉伸直举过头顶，头部夹在双臂之间。双脚带动身体向左侧倾斜。

双脚用力蹬离池壁，身体尽量伸展，在滑行的过程中逐渐调整为俯卧姿势。

167

其他必要技术
▶仰泳转身技术

等级 ★★★★☆　　⏱时间　3分钟

扫一扫，看视频

以仰泳的泳姿游向池壁，通过身体左右转动，观察身体与池壁的距离。

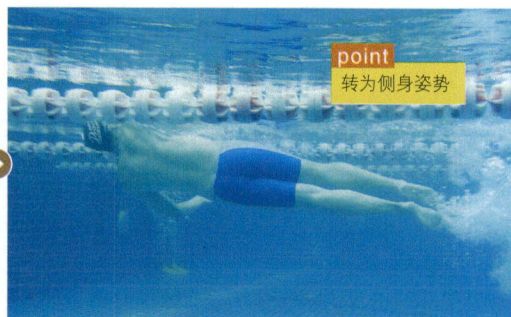

point 转为侧身姿势

在与池壁还有两次划水的距离时，利用抱水的力量向左侧转肩，转为侧身姿势，右臂出水做空中移臂。

point 身体正面朝下，呈俯卧姿势

随着右臂入水，身体继续向左侧转动，转为俯卧姿势，左臂向后推水至体侧。

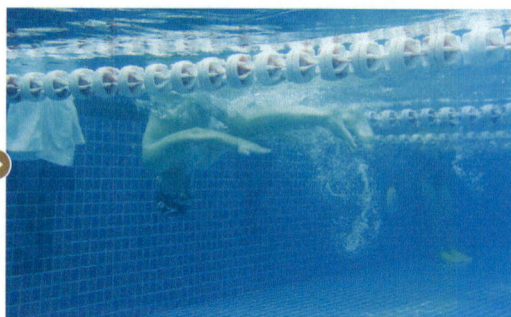

双脚并拢，快速踢蝶泳腿，屈曲身体，使身体向前翻滚。双手掌心朝下，用力向下方划水，加快转身速度。

翻滚后，双腿屈膝触壁，双臂交叉伸直举过头顶，头部夹在双臂之间。

双脚用力蹬离池壁，身体尽量伸展，并利用冲力呈流线型姿势向前滑行。

其他必要技术

技巧 **133**

▶ 蛙泳转身技术

扫一扫，看视频

等级 ★★★★☆　　⏱ 时间　3分钟

以蛙泳的泳姿游向池壁，查看自身与池壁的距离，在最后一次蹬腿结束时，不减速地游向池壁，双臂前伸，伸手去够池壁。

触壁后，全手掌压池壁，手臂随着惯性屈肘，同时双腿屈膝。

右手推离池壁，身体向左侧转动，同时屈膝团身向池壁靠拢，头部露出水面吸气。

当身体侧对池壁时，头部没入水中。双臂交叉伸直举过头顶，同时髋关节发力，双脚蹬住池壁。

point
身体呈流线型姿势滑行

💡 **小提示**

蛙泳的转身动作是触壁转身，手臂在碰到池壁之后迅速带动双腿，让双腿靠近池壁，这时要注意保证头部在水面上吸足气。

双脚用力蹬离池壁，身体尽量伸展，并利用冲力呈流线型姿势向前滑行，在滑行的过程中逐渐调整为俯卧姿势。

其他必要技术

技巧
134

▶ **蝶泳转身技术**

等级 ★★★★☆　　🕐 时间　3分钟

以蝶泳的泳姿游向池壁，查看自身与池壁的距离，注意接近池壁前不要降低游进速度，利用冲力获得转动的动量，伸手去够池壁。

point
转身蹬壁

右手推离池壁，同时身体向左侧转动，当身体侧对池壁时，头部没入水中。髋关节发力，使双脚蹬住池壁。

🔑 技术要领

连贯地完成转体

转体时，要保证躯干水平，这样有助于保持身体平衡。而且转体要求身体多处肌肉，尤其是核心肌群保持紧张，协调发力，由肩部带动完成转体。

❌ 错误动作

转身时膝盖露出水面。

右手手掌触壁，手臂随着惯性屈肘，同时屈膝团身，向池壁靠拢，头部露出水面吸气。

身体完全没入水中后，呈侧卧姿势，双臂屈肘前伸。

双臂在水下交叉伸直举过头顶，头部夹在双臂之间。双脚用力蹬离池壁，身体尽量伸展，并利用冲力呈流线型姿势向前滑行。

其他必要技术

▶ **自由泳终点技术**

等级 ★★★★☆　　⏱ 时间　1~3分钟

以自由泳的泳姿游向终点，临近终点时加快换臂速度，右臂向前伸直，准备触碰池壁，左臂在水下用力加速划水。大腿发力，连续多次打水。

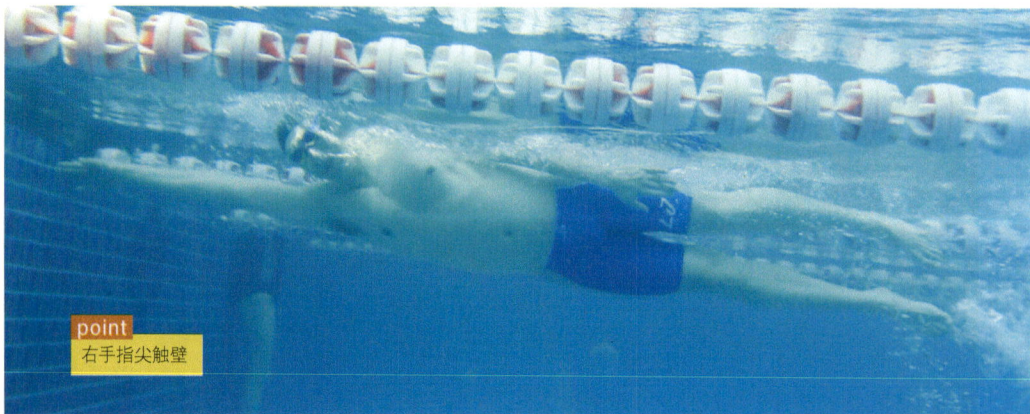

point
右手指尖触壁

左臂向后推水至体侧，右臂前伸用指尖触壁，身体顺势向左转，面部留在水中。

🔑 **技术要领**

临近终点时减少换气次数

临近终点时，手臂划水和腿部打水的速度要加快，面部尽量留在水中，因为抬头会导致触壁速度变慢。

其他必要技术

技巧
136

▶ **仰泳终点技术**

等级 ★★★★☆ ⏱时间 1~3分钟

扫一扫，看视频

以仰泳的泳姿游向终点，可根据泳池一侧的旗子判断自己与终点的距离，在与终点还有两次划水的距离时，左臂做空中移臂后入水，右臂下划至体侧，双腿交替打水。

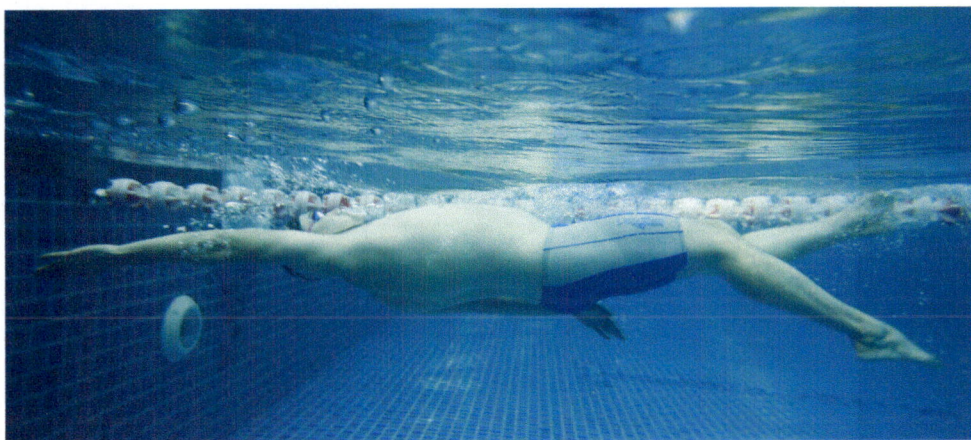

左臂入水后用力滑水，右臂出水后向头顶上方伸直入水，用指尖触壁。

💡 **小提示**

比赛中以仰泳的泳姿游向终点可以使用一只手触壁。由于在水中呈仰卧姿势，无法通过视觉判断自己与终点的距离，这时可以通过泳池一侧的旗子来计算到达终点所需的划水次数，加速游向终点。

技巧
137

其他必要技术

▶ **蛙泳终点技术**

等级 ★★★★☆　　⏱时间　1~3分钟

以蛙泳的泳姿游向终点，临近终点时加快划水速度，并用力打水。在与终点还有一次划水的距离时，双臂屈肘向内划水，同时双腿屈膝收回，此时上身处于较高的位置，头部露出水面，在到达终点前进行最后一次换气。

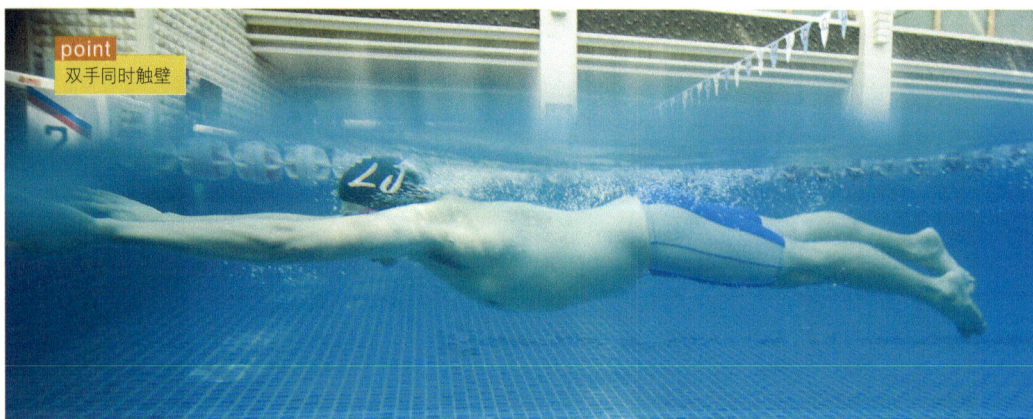

point
双手同时触壁

双脚外翻后径直向下打水，同时双臂在肩关节的带动下向前伸，双手同时触壁。为减小阻力，双臂尽量并拢触壁。头部留在水中，不要抬起。

💡 **小提示**

以蛙泳的泳姿到达终点时，身体应尽量伸展，与流线型姿势接近，这样不但能省力，还可以减小受到的阻力。注意双手要在水面、水上或水下同时触壁。

其 他 必 要 技 术

▶蝶泳终点技术

等级 ★★★★☆　　⏱时间　1~3分钟

扫一扫，看视频

以蝶泳的泳姿游向终点，临近终点时加快划水速度，并用力打腿。在与终点还有一次划水的距离时，肩部带动双臂向上提肘出水，同时双腿屈膝上摆，头部露出水面，在到达终点前进行最后一次换气。

双腿向下打水，肩部带动双臂移动至头部前方，双手同时触碰池壁。身体尽量伸展，不要抬头，以减小阻力。

🔑 技术要领

触壁要求

到达终点时，容易急于追求速度而忽略了手的位置。注意自由泳和仰泳比赛中，到达终点时运动员可以只用一只手触壁；而蛙泳和蝶泳比赛中，到达终点时必须双手同时触壁。

第 8 章

水上救生

在水中游泳或不慎落水时，如果不及时采取应对措施，便会因为无法正常呼吸而溺水，甚至面临生命威胁，所以在游泳前了解常用的救生技术是非常重要的。一旦发生溺水，除了大声呼救外，还需要保持冷静。

水上救生

▶ 寻找漂浮物

等级 ★★★☆☆　　⏱时间 1分钟

发生溺水时，应保持冷静，通过双眼寻找救生圈、救生袋、救生枕、木板、木块等漂浮物。首先要确保漂浮物稳定，然后双手抱紧漂浮物，腹部朝下，头部和肩部露出水面，使身体借助漂浮物的浮力在水面漂浮。可以用双腿打水控制方向，这样如果不能被及时救援也不会因为体力耗尽而沉底，还可以让救援人员更好地发现自己，从而获救。

其他角度

💡 小提示

漂浮物可以帮助溺水者延长漂浮时间，溺水者在等待救援的过程中，可以大声呼救，注意要尽量保持情绪稳定，不要惊慌。过度的紧张和慌乱会使溺水的情况更加严重。

第8章

水上救生

水上救生

▶ **水母漂**

等级 ★★★☆☆　　⏱时间 1分钟

🔑 技术要领

放松身体

水母漂是一种节省体力的自救方式，练习时身体要尽量放松，并尽可能多地浸入水中，从而增加浮力。

俯卧于水中，深吸一口气，头部没入水中，双腿屈膝向胸部靠拢，双手抱膝。

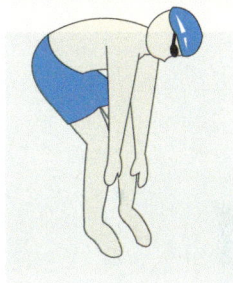

双手和双脚向下自然伸直，与水面大致垂直，这样就可以像水母一样漂起来。

point
双臂与双腿伸直

179

水上救生

技巧
141

▶**十字漂**

等级 ★★★☆☆　　🕐时间 1分钟

扫一扫，看视频

point
身体自然漂浮

站在水中，双臂向两侧抬起，与肩部呈一条直线，双腿自然下垂，身体呈十字形自然漂浮于水面，头部露出水面进行呼吸。

其他角度

🔑 **技术要领**

十字漂的作用

十字漂是身体在水中接近于直立的姿势，通过双臂使身体平稳地漂浮于水面。该姿势可以减少体力的消耗，延长在水中维持的时间，在持物过河、营救溺水者时也适用。

水上救生

▶ 仰卧漂

等级 ★★★☆☆　　⏱ 时间　1分钟

扫一扫，看视频

point
仰卧漂浮于水中

仰卧于水中，双臂伸直举过头顶，双手交叠。双腿伸展，保持身体平稳，全身放松，面部露出水面进行呼吸。

其他角度

💡 **小提示**

仰卧漂是一种常用的救生技能，可以用最少的体力在水中维持最长的时间。练习时，仰卧在水中，腰腹收紧，如果腿部有下沉的趋势，可以将髋部向上顶起，找到漂浮的感觉。

水上救生

扫一扫，看视频

▶小腿抽筋的解决办法

等级 ★★★☆☆　　⏱时间 1~3分钟

💡 小提示

游泳时如果水温过低容易产生疲劳，导致抽筋。双手发生抽筋时，可以反复握紧拳头，再用力伸直。上腹部肌肉抽筋时，可以仰卧，双腿反复向腹部靠拢，然后伸直，直至恢复正常。

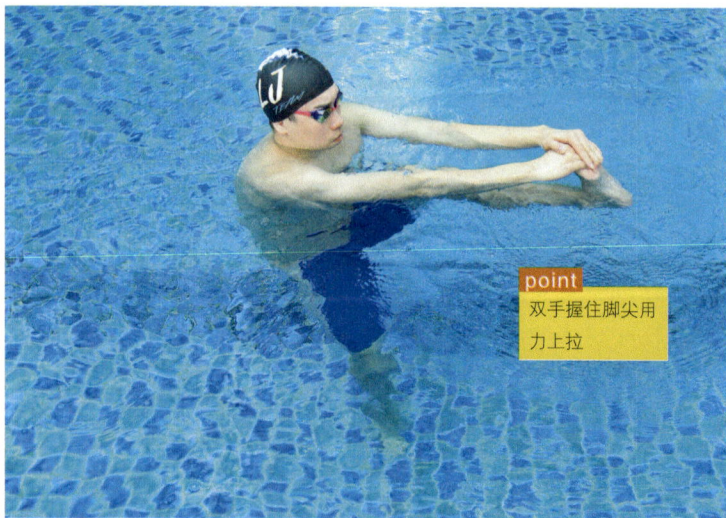

游泳过程中发生小腿抽筋时，先深吸一口气，使身体稳定漂浮于水面。接着双手握住抽筋腿的脚尖，抽筋腿屈膝向上抬起，另一条腿踩水，帮助身体上浮。

point
双手握住脚尖用力上拉

🔑 技术要领

拉伸腿部肌群

小腿抽筋时不要逞强上岸，否则可能发生溺水。要用双手反复拉伸，帮助抽筋腿伸直。

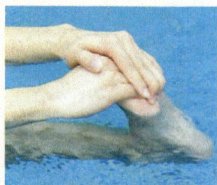

双手用力将抽筋腿向自身方向上拉，反复几次至抽筋腿恢复正常，然后上岸对腿部进行按摩。

技巧
144

水上救生

▶ 反蛙泳水下动作

等级 ★★★★☆   时间 3~5分钟

扫一扫，看视频

仰卧于水中，双臂伸直举过头顶。双手掌心朝外，面部浸入水中。双腿伸直，使身体自然伸展。

双臂屈肘，掌心由向外转为向内，手和小臂对准划水方向，由肩部带动大臂向体侧划水。

point
双臂下划至体侧

双臂屈肘，继续向体侧划水，同时双腿屈膝，脚跟向臀部靠拢，脚背绷直。

双臂放松进行空中移臂。此时面部露出水面，进行吸气。双腿随着收腿逐渐向两侧打开，双脚外翻准备向后蹬水。

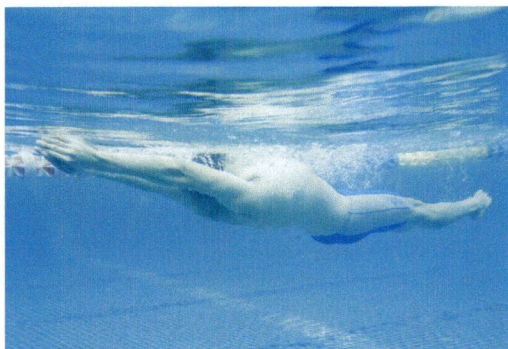

💡 小提示

反蛙泳手臂和腿部动作有两种配合方式，一种是手臂划水与腿部蹬夹水同时进行，另一种是手臂划水与腿部蹬夹水交替进行。

髋部发力，双腿径直向下方打出。同时双臂入水，身体向前滑行。面部浸入水中憋气，然后在划水过程中保持均匀地吐气，如此反复进行练习。

水上救生

▶ 蛙式长臂潜远

等级 ★★★★☆　　　⏱ 时间　3~5分钟

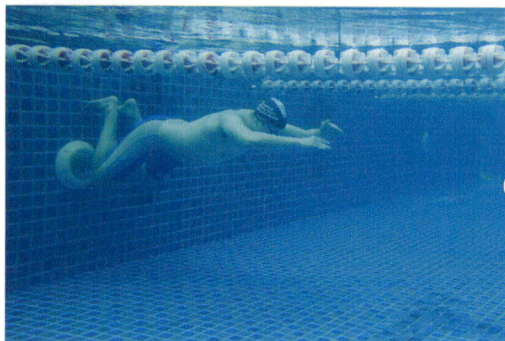

背对池壁站立，深吸一口气，头部没入水中。双腿屈膝蹬在池壁上，双臂前伸，使身体俯卧于水中。

双臂在头顶前方交叉伸直，同时双脚发力，身体呈流线型姿势向前蹬离池壁。

通过蝶泳腿进行打水，保持流线型身体姿势向前滑行。

point
双臂向外划水

滑行一定距离后，肩关节稍向内旋转，双臂慢慢向两侧打开，掌心朝外。

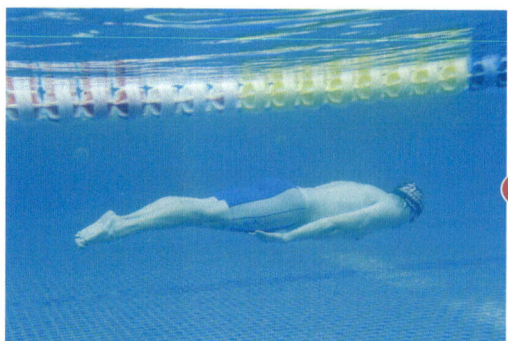

手和小臂对准划水方向，掌心由向外转为向内，肩部带动大臂向体侧划水。

向前滑行一定距离，双臂屈肘用力划水，双腿屈膝，双脚外翻，然后径直向下方打出，以蛙泳的泳姿向前游进。

水上救生

▶ **两脚朝下潜深法**

等级 ★★★★☆ ⏱时间 1~3分钟

扫一扫，看视频

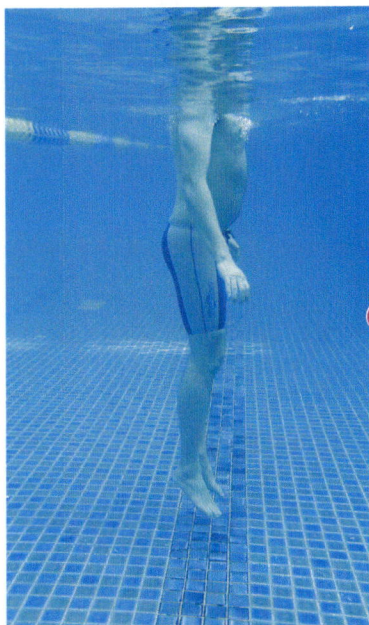

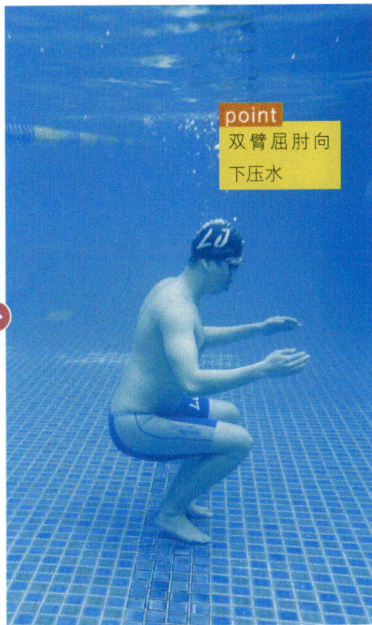

point
双臂屈肘向
下压水

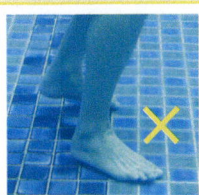

重心不稳，在水中无法
保持身体平衡，容易发
生危险。

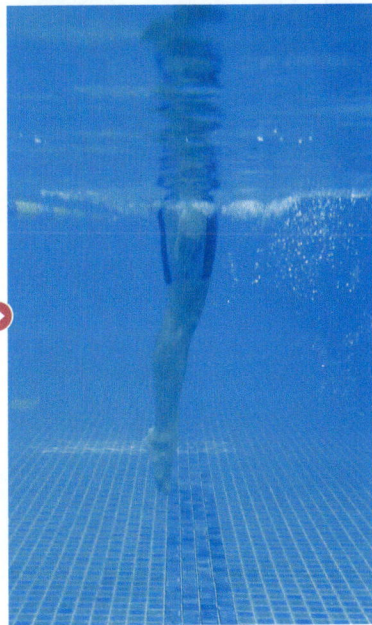

身体直立漂浮于水中，双
臂由上向下做拨水动作，
以加快下沉的速度。

深吸一口气，头部没入水
中，双臂屈肘，用力向下
压水，同时双腿屈膝，使
双脚到达池底。

下潜到池底后，双臂向上
伸过头顶。双腿屈膝蓄
力，准备蹬离池底。

双腿做蛙泳的蹬腿动作
向下打水，使腰部以上跃
出水面。然后利用身体的
重力下潜，如此反复进行
练习。

水上救生

▶ **头朝下潜深法**

等级 ★★★★☆　　⏱时间　1~3分钟

扫一扫，看视频

point
双手触碰池底

身体直立漂浮于水中，双臂向后下方伸出，通过由下向上划水，使身体翻转至头部朝下，双腿屈膝。翻转后，双臂向下划水，利用腿部重力使身体下潜。

双腿向上做蛙泳的蹬水动作，以加快下潜速度，使双手触碰池底。

双臂和双腿伸直，将身体伸展开，然后头部后仰、屈肘团身，使身体向前翻滚，恢复直立。

💡 **小提示**

该动作是在水下不呼吸进行游泳的一种技术，运动员潜入水下时是面对池底的，这会加快下潜的速度，对体力的消耗也更少。

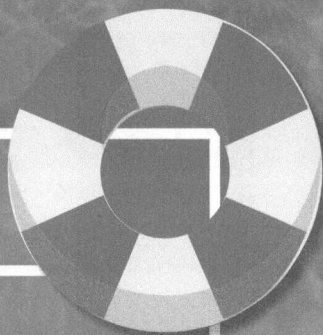

第9章

体能训练

体能训练主要是锻炼在游泳中常用的肌肉，通过增强这些肌肉的力量、耐力、爆发力和柔韧性，来间接地提升游泳技术。本章针对游泳运动中常用的肌肉，介绍系统性的训练，以期实现游泳技术得到循序渐进的提升。

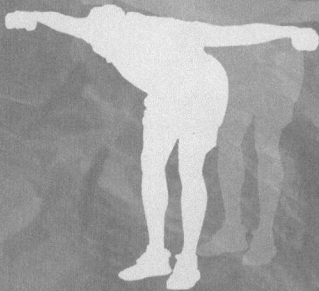

技巧 **148**

力量强化：双臂弯举哑铃

等级 ★★★☆☆

⊙ 时间　1分钟

双臂向上弯举

双脚分开，与肩同宽，双手各握一只哑铃于身体两侧，掌心朝前。

保持身体姿势不变，肱二头肌发力，双臂向上弯举。

双臂继续向上弯曲至肘关节屈曲到最大限度。回到起始姿势，重复练习。

其他角度

🔑 **技术要领**

肱二头肌

双臂弯举哑铃动作可以很好地锻炼肱二头肌，注意在练习过程中收紧腹部肌肉，充分感受屈肘时肱二头肌的收缩用力。

扫一扫，看视频

技巧
149

体能训练

▶**力量强化：单臂臂屈伸**

等级
★★★☆☆

🕐时间 2分钟

上身直立，左腿向前跨步踩住弹力带中间，略微屈膝下蹲，右腿伸直，呈弓步姿势。双手分别握紧弹力带一端，右手扶住左腿膝盖，左臂向后屈肘，左手于腰侧位置，保持弹力带有一定张力。

保持身体姿势不变，左臂发力向后拉伸弹力带。

扫一扫，看视频

💡 **小提示**

运动过程中保持核心收紧，通过肘关节的屈曲与伸展，充分拉伸肱三头肌，增强手臂肌群的力量。注意手臂伸直时呼气，恢复时吸气。

左臂继续向后拉伸弹力带至完全伸直且与地面呈45度。回到起始姿势，重复练习。

189

▶ 力量强化：肩部平举飞鸟

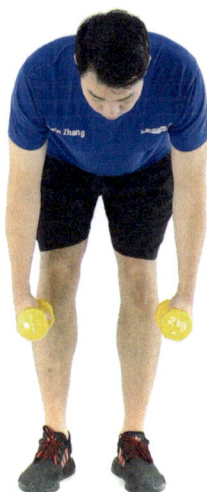

等级
★★★☆☆

🕐 时间　1分钟

小提示

肩部发力带动双臂上抬，使手肘、大臂和肩部呈一条直线。整个过程中不要耸肩，核心收紧，身体不要来回晃动，保持稳定。

双脚自然分开，双手各握一只哑铃于身体两侧，掌心朝内。

上身前俯，双臂保持伸直，在体前逐渐下移，注意不要屈膝。

双臂抬起至与肩部呈一条直线

🔑 技术要领

增大上肢活动范围

活动双臂可以提高肩部的灵活性，进而可以使上肢活动范围增大，有利于游泳过程中手臂的移动。

双臂向两侧抬起，将哑铃上举至与肩部齐平，然后慢慢放低哑铃。回到起始姿势，重复练习。

扫一扫，看视频

体能训练

▶力量强化：卧推

扫一扫，看视频

等级 ★★★☆☆　　⏱时间 1分钟

💡 **小提示**

卧推是通过肩关节和肘关节的屈曲与伸展，增强手臂与胸部肌群的力量。卧推的轨迹在胸部的正上方，由于每个人的手臂展开的距离不同，所以舒适的握距也不同，练习者可以通过小臂与地面的垂直来确定合适的握距。

身体仰卧在卧推凳上，双脚分开作为支撑。双手正握杠铃杆于胸部正上方，握距略大于肩宽，双臂伸直。

肩胛骨收紧，双臂屈肘，慢慢下放杠铃至胸部。

大臂和胸部发力，向上推举杠铃至双臂完全伸直。回到起始姿势，重复练习。

技巧
152

▶力量强化：跪式绳索卷腹

双膝跪地，双手握紧绳索于下颌处，躯干保持直立，略微屈髋。

双腿保持不动，腹部收缩，上身前俯，绳索随之向下拉。

扫一扫，看视频

🔑 **技术要领**

腹部发力

运动过程中，注意把力量集中在腹部，不要借助惯性，要用腹部发力，慢慢屈曲躯干使之上下移动。

上身继续前俯至最大限度，感受腹部肌肉的收缩。回到起始姿势，重复练习。

体能训练

▶ 力量强化：单侧髋内收

扫一扫，看视频

身体直立，双手叉腰，将弹力带一端绕过脚踝固定在右腿上，另一端固定在体侧等高的其他物体上。左腿伸直支撑于地面，右腿抬起向体侧伸展，保持弹力带有一定张力。

保持躯干姿势不变，右腿大腿内侧发力将弹力带拉伸至身体正前方。

🔑 **技术要领**

锻炼部位

此动作主要对耻骨肌、大收肌、长收肌进行拉伸，通过髋关节的内收与外展锻炼腿部肌肉。

右腿继续将弹力带拉伸至身体左侧。回到起始姿势，换至对侧进行，重复练习。

技巧
154

▶ **力量强化：仰卧交替抬腿**

扫一扫，看视频

身体在瑜伽垫上呈仰卧姿势，双臂伸直放在身体两侧，掌心朝下。双腿略微屈膝，抬离地面。腹部收紧，右腿屈髋上抬至与地面呈45度。

双腿轮流上抬

右腿收回后，换左腿上抬至与地面呈45度。回到起始姿势，以中等速度做匀速交替抬腿，重复练习。

💡 **小提示**

该动作主要通过髋关节的屈曲与伸展锻炼腹直肌，增强核心肌群力量。全程保持核心收紧，均匀呼吸。

技巧 155

▶ **力量强化：弹力带侧向走**

等级
★★★☆☆

⏱时间 1分钟

左腿迈步

双脚分开，与肩同宽，双臂屈肘握拳。躯干挺直，屈膝屈髋，将迷你带套在双脚脚踝处。

左腿向左侧迈步，同时右臂前摆，左臂后摆。

右腿向左侧跟步，回到起始姿势，双腿与双臂交替进行，重复练习。

其他角度

扫一扫，看视频

技巧 **156**

▶力量强化：杠铃硬拉

双脚分开，与肩同宽。屈膝屈髋，双手握杠铃杆于膝关节下方且贴近小腿。

躯干挺直，腹部收紧，双腿蹬地伸髋向上提拉杠铃至直立位。回到起始姿势，重复练习。

其他角度

💡 **小提示**

向上提拉时，感受臀部和大腿后侧肌肉的收缩发力。提拉时呼气，还原时吸气。

扫一扫，看视频

体 能 训 练

▶耐力强化：开合跳

等级 ★★★☆☆　⏱时间　30秒

扫一扫，看视频

▍双脚分开，与肩同宽，背部平直，腹部收紧，双臂自然放于身体两侧，目视前方。

▍双腿微微屈髋屈膝，向外跳一小步，同时双手向两侧打开。

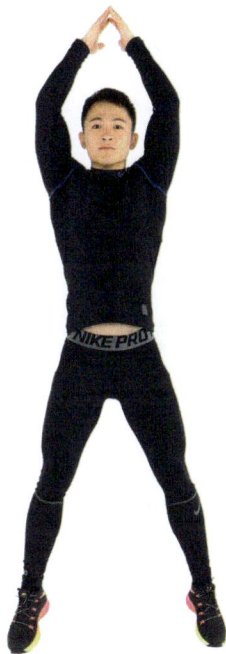

▍双臂举至头部上方完成一次击掌，然后快速起跳。回到起始姿势，重复练习。

🔑 **技术要领**

手脚协调配合

开合跳是锻炼全身肌群的复合动作，需要双臂和双腿在跳跃时同时进行开合，可以激活肩部、背部、手臂、腰腹以及臀腿肌群，提高手脚的灵活性。刚开始练习时，可能无法坚持太久，随着肺活量和下肢力量的提升，可以延长训练时间。

💡 **小提示**

跳跃时，核心收紧，双臂同时外展，双手在头部上方完成击掌，全程保持均匀呼吸。

体能训练

▶ 耐力强化：直腿垫步跳

等级

★★★☆☆

⏱时间 1分钟

脚尖勾起，
腿伸直

双脚并拢，背部平直，腹部收紧，双臂自然放于身体两侧，目视前方。

一侧腿伸直向前踢出，脚尖勾起，直腿抬高的同时，向前摆动对侧手臂。

抬起一侧的腿向支撑腿转换的过程中，用前脚掌用力蹬地，在脚掌着地的瞬间，借助地面的反作用力，快速做一个垫步跳，身体重心向前方移动，同时对侧腿抬起。双腿交替进行，重复练习。

其他角度

扫一扫，看视频

💡 **小提示**

运动过程中，腿下落时，保证髋部充分伸展，腘绳肌受到牵拉，支撑腿保持伸直。

体能训练

▶ **耐力强化：弓步
跳接开脚跳**

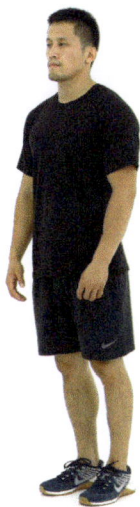

双脚分开，与肩同宽，背部平直，腹部收紧，双臂自然放于身体两侧，目视前方。

双脚蹬地发力，呈弓步姿势前后站位，脚尖朝前，前腿屈膝屈髋90度，后腿脚尖撑地，双臂前后摆动。

快速蹬地发力，跳起后，在空中交换腿与手臂的前后。

蹬地起身，双腿迅速向两侧分开，同时双手叉腰。

保持双手叉腰，双腿迅速并拢。

双手收回落下，回到起始姿势，重复练习。

技巧 **160**

▶ 耐力强化：登山者

等级 ★★★☆☆　⏱时间 1分钟

🔑 技术要领

手脚协调配合

登山者是平板支撑的变式，除了有对核心的训练外，还加入了脚的移动。运动过程中，要维持上身稳定，腹部始终收紧，双腿交替向前抬膝，熟练后可以逐渐加快速度。

双腿交替向前抬膝

呈四点支撑姿势于瑜伽垫上，躯干保持挺直，双臂伸直置于肩关节正下方，双脚自然分开，脚尖着地。

腹部收紧，双脚蹬地，双腿向后伸直。

一侧腿屈膝屈髋至同侧手臂后方，然后回到起始姿势，换对侧进行，两侧交替，重复练习。

体能训练

▶ **耐力强化：过顶波比跳**

等级
★★★☆☆
⏱时间 1分钟

扫一扫，看视频

双脚分开，与肩同宽，背部平直，腹部收紧，双臂自然放于身体两侧，目视前方。

向下俯身，双腿屈膝，双手撑地，呈半蹲姿势。

双腿向后伸直至最远端，脚尖撑地，呈俯卧撑姿势。

双腿同时屈膝屈髋向前移动至胸前，呈半蹲姿势。

双脚发力向上用力跳起，同时双手离开地面，双臂向上伸直举过头顶。

跳起时身体充分伸展

落下后，回到起始姿势，重复练习。

💡 **小提示**

运动过程中，保持核心收紧。手撑地时，支撑点在双手和双脚脚尖上，身体呈一条直线，全程均匀呼吸。

扫一扫，看视频

▶耐力强化：高抬腿

等级 ★★★☆☆   ⏱时间 30秒

▎双脚分开，略宽于肩，背部平直，腹部收紧，双臂自然放于身体两侧，目视前方。

▎身体微微向前倾斜，快速抬起左腿前摆，右腿向后蹬地发力，双臂充分向相反方向摆动。

▎左右两侧交替进行，重复练习。

其他角度

💡**小提示**

运动过程中，注意身体挺直，核心收紧，保持标准的身体姿势。蹬地的速度要快，蹬腿、摆臂时动作一定要迅速有力。

第9章　体能训练

技巧 **163**

▶ **耐力强化：高抬腿触地**

等级
★★★☆☆

🕐时间　30秒

双脚分开，与肩同宽，背部平直，腹部收紧，双臂自然放于身体两侧，目视前方。

身体微微向前倾斜，快速抬起左腿，屈髋屈膝尽可能抬高，同时右腿蹬地发力，右臂前摆，左臂后摆。

随后交换，快速抬起右腿，屈髋屈膝至胸前，同时左腿蹬地发力，左臂前摆，右臂后摆。

💡 **小提示**

注意身体挺直，核心收紧，保持标准的身体姿势。蹬地的速度要快，蹬腿、摆臂时动作一定要迅速有力。

扫一扫，看视频

回到起始姿势，原地深蹲，蹲至大腿大致与地面平行，此时保持背部挺直，俯身以直臂单手触地。

起身，回到起始姿势，重复练习。

技巧
164

▶ **耐力强化：高抬腿跳绳**

等级
★★★☆☆

⏰时间　30秒

双脚分开，与肩同宽，背部平直，腹部收紧，双臂自然放于身体两侧，目视前方。

身体微微向前倾斜，快速抬起左腿，屈髋屈膝尽可能抬高，同时右腿蹬地发力，双臂向两侧抬起。

随后快速交换，抬起右腿，屈髋屈膝尽可能抬高，同时左腿蹬地发力。在左右高抬腿的同时，双臂在身体两侧打开，双臂快速内旋，一次换腿、一次模拟摇绳。两侧交替进行，重复练习。

其他角度

扫一扫，看视频

💡 **小提示**

注意身体挺直，核心收紧，保持标准的身体姿势。蹬地的速度要快，蹬腿、摆臂时动作一定要迅速有力。

体能训练

▶ **耐力强化：过顶波比开合跳**

等级

★★★☆☆

🕐时间　30秒

扫一扫，看视频

双脚自然分开，背部平直，腹部收紧，双臂自然放于身体两侧，目视前方。

向下俯身，双腿屈膝，双手撑地，呈半蹲姿势。

双腿向后伸直至最远端，脚尖撑地，呈俯卧撑姿势。

双臂保持不动，双腿同时向两侧打开。

双腿同时收回，恢复俯卧撑姿势。

双腿同时屈膝屈髋向前移动至胸前，呈半蹲姿势。

向上用力跳起，双手离开地面，在头顶上方击掌，同时双腿向两侧分开。

落下后，回到起始姿势，重复练习。

技巧 **166**

▶ 耐力强化：交替前弓步

等级
★★★☆☆

⏱ 时间　30秒

扫一扫，看视频

双脚分开，与肩同宽，背部平直，腹部收紧，双臂自然放于身体两侧，目视前方。

一侧腿向前方跨出，身体重心随之前移，后腿脚尖着地，同时双臂屈肘，双手握拳于胸前。

双腿屈曲，身体下降，直至前腿大腿与地面平行，后腿膝盖近乎接触地面。

屈膝下蹲

后腿发力蹬地，带动身体上升，回到起始位置。

换对侧腿向前方跨出，身体重心随之前移，后腿脚尖着地，同时双臂屈肘，双手握拳于胸前。

双腿屈曲，身体下降，直至前腿大腿与地面平行，后腿膝盖近乎接触地面。回到起始姿势，重复练习。

体 能 训 练

▶ **耐力强化：俯撑收腹跳**

等级
★★★☆☆
⏱时间 30秒

双脚分开，与肩同宽，背部平直，腹部收紧，双臂自然放于身体两侧，目视前方。

向下俯身，双腿屈膝，双手撑地，呈俯卧姿势。

双腿同时向后伸直至最远端，脚尖撑地，呈平板手支撑姿势。

双腿同时屈膝屈髋移动至胸前，呈半蹲姿势。

双腿向腹部靠拢

双手离开地面，向上用力跳起，快速屈膝屈髋，以尽可能高地跳起，并使双腿向腹部靠拢。

落下后，回到起始姿势，重复练习。

体 能 训 练

▶ 耐力强化：碎步跑

扫一扫，看视频

双脚开立，略宽于肩，微微屈髋屈膝，左脚脚跟略微抬起，背部平直，腹部收紧，双臂呈前后摆动状。

脚每次微抬离地面，用最高的频率进行碎步运动，同时缓慢向前移动，双臂始终保持较低的摆动频率，尽可能保持上下肢协调。快速运动结束后可向前继续跑动5~10米进行放松。

其他角度

🔆 **小提示**

保持正确的身体姿势，运动时脚不要拖地，用髋关节、膝关节和踝关节发力。注意频率的变化，碎步运动由慢逐步变快，直到达到最高频率，并尽可能维持几秒后再减速。

▶ **爆发力强化：肩上推举**

等级
★★★☆☆
⏱时间 1分钟

双臂向上推举哑铃

双脚分开，与肩同宽，双臂外展屈肘，双手各持一只哑铃于头部两侧，掌心朝前。

保持身体稳定，双臂发力，将哑铃向上推举过头顶。

双臂慢慢回收落下，回到起始姿势，重复练习。

其他角度

扫一扫，看视频

🔑 **技术要领**

负重较大时可略微屈肘

当使用较大重量的哑铃时，肘关节不要完全伸直，否则容易受伤。

技巧 **170**

▶ 爆发力强化：双壶铃甩摆

等级 ★★★☆☆

⏱ 时间   1分钟

扫一扫，看视频

双脚分开，略宽于肩，向前俯身，双腿屈膝下蹲，双手各持一个壶铃，壶铃与身体保持一定距离且底部接触地面。

身体向上抬起至大腿与地面呈45度，将壶铃从双腿之间向后甩摆至臀部后方。

双腿发力，快速伸髋伸膝，向上站起。双臂随之向上甩摆壶铃至与地面平行。

向上甩摆壶铃

💡 **小提示**

双腿蹬地起身的动作一定要快，整个甩摆过程中动作要连贯，核心要收紧，肩关节要保持稳定。

双腿略微屈膝，上身前倾，双臂随之向下甩摆壶铃至臀部后方。

屈膝下蹲，同时向前甩摆壶铃。回到起始姿势，重复练习。

第9章

技巧 **171**

体能训练

▶ 爆发力强化：双臂高翻

等级 ★★★☆☆

⏱时间 1分钟

向上提拉壶铃
至肩部位置

双脚分开，略宽于肩，双手各持一个壶铃。双腿屈膝下蹲，使壶铃置于双腿之间且不接触地面。

快速伸髋伸膝，向上站起，同时双臂随着身体移动向上提拉壶铃至髋部。

起身后，双臂向上屈肘，将壶铃向侧面翻转并提拉至肩部，使壶铃底部朝向侧面，双手掌心相对，手指相触。

其他角度

💡 **小提示**

运动过程中保持核心收紧，腰背挺直。伸髋、蹬地时，速度要快。向上提拉壶铃时，速度也要快，但肩关节始终保持稳定。

211

技巧
172

▶ 爆发力强化：半跪姿稳定下砍

等级
★★★☆☆

⏱时间　1分钟

双腿屈膝，呈半跪姿支撑于地面，上身挺直，左臂伸直握住杆子上端，右臂屈肘握住杆子下段于胸前。

point
双手下拉杆子

腹部收紧，右臂伸直，斜向下拉杆子，左臂随着拉动方向屈肘于肩前。

扫一扫，看视频

💡 小提示

该动作是通过肘关节与肩关节的外展与内收锻炼腹部和手臂肌群的稳定性，动作过程中控制身体和手臂的稳定，发力时呼气，还原时吸气。

左臂前推杆子至伸直，右臂随之屈肘。回到起始姿势，重复练习。

技巧
173

体能训练

▶ **爆发力强化：弹力带旋转下砍**

等级
★★★☆☆

🕐时间 1分钟

双脚分开，略宽于肩，身体向右转，双臂向右侧斜上方45度伸展，双手交叠紧握弹力带一端，弹力带另一端固定在体侧上方的其他物体上，保持弹力带有一定张力。

保持双臂伸直，腹部发力，转动躯干至直立姿势，双臂随之向下拉伸弹力带至前平举。

扫一扫，看视频

💡 **小提示**

弹力带旋转下砍通过脊柱旋转、肩关节屈曲与伸展锻炼核心，主要拉伸腹内斜肌与腹外斜肌。全程保持核心收紧。

继续向左侧转动躯干，双臂也随之向斜下方45度拉伸弹力带。回到起始姿势，换至对侧进行，重复练习。

技巧 **174**

▶ 爆发力强化：胸前抛球

🔑 **技术要领**

目标肌群

胸前抛球通过肩关节和肘关节的屈曲与伸展，锻炼腹直肌、肩关节周围肌群和下肢肌群的力量、爆发力及稳定性。运动过程中，核心收紧，抛球动作连贯迅速，保持身体平稳。

┃ 双腿前后开立，右脚在前，左脚在后。躯干挺直，双手紧握药球，置于胸前。

扫一扫，看视频

从胸前用力
抛出药球

🔑 **技术要领**

爆发力水平

游泳运动中，爆发力会直接影响出发、划水、转身等技术动作完成的质量，尤其在距离较短的游泳比赛中，可能会影响最终的比赛成绩。

┃ 保持躯干挺直，双臂发力，以最大力量快速向前抛出药球。回到起始姿势，重复练习。

体能训练

▶ **爆发力强化：过顶抛球**

等级
★★★☆☆

🕐 时间 1分钟

扫一扫，看视频

双腿前后开立，右脚在前，左脚在后。躯干挺直，双手紧握药球，置于胸前。

核心收紧，双臂发力，将药球向上举过头顶。

用力向前抛出药球

💡 **小提示**

运动过程中，保持核心收紧，腰背挺直。重心落于双腿之间，身体尽量不要晃动，抛球时迅速连贯。

以最大力量快速抛出药球。回到起始姿势，重复练习。

▶ **爆发力强化：旋转过顶砸球**

等级

★★★☆☆

🕐 时间　1分钟

将药球移至后退侧方

双腿前后开立，躯干挺直，双手紧握药球，置于腹部前方。

双臂向右后方移动，身体随之向右转。

保持身体稳定，双臂向上移动药球至头顶上方。

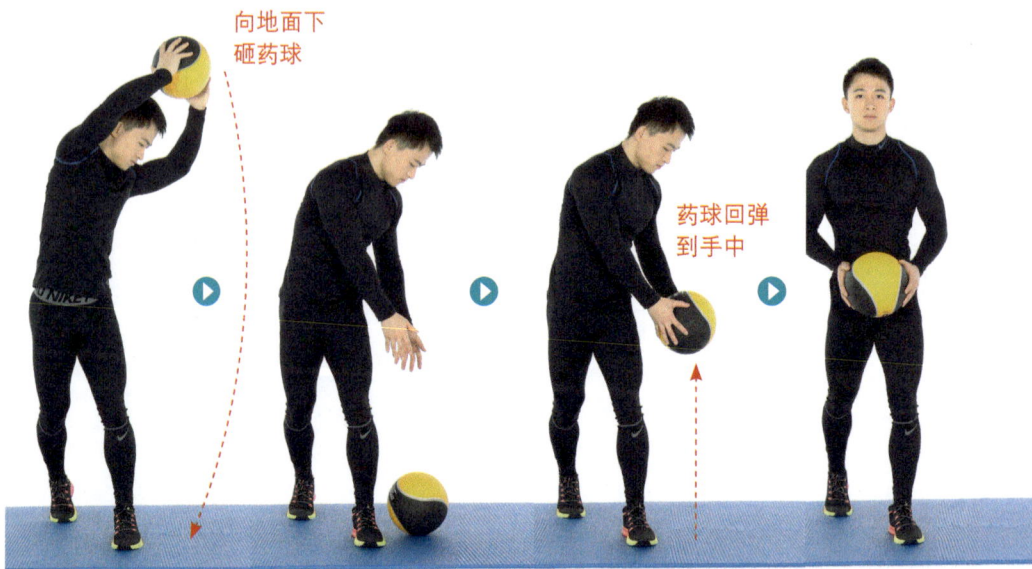

向地面下砸药球

药球回弹到手中

保持药球置于头顶上方，向左侧转体，向前腿一侧地面快速下砸药球。

用双手接住回弹的药球。回到起始姿势，重复练习。

体 能 训 练

等级

★★★☆☆

⏱时间 30秒

▶ **爆发力强化：跳跃踢臀**

双脚分开，与肩同宽，将弹力带中间绕过腰部，两端固定在身后等高的物体上，双腿屈膝下蹲，双臂伸直置于身体后方。

双脚蹬地发力向上跳起，同时小腿向后弯曲使脚跟触碰臀部。双臂随之屈肘，向上摆动。落地后，重复练习。

双脚脚跟触碰臀部

🔑 **技术要领**

核心爆发力

跳跃踢臀主要锻炼腿部与核心肌群的爆发力。该动作结合了力量与速度，从而能很好地提升身体的爆发力。增加弹力带训练，可以改善身体活动能力。在游泳过程中，较强的爆发力在腿部打水时能起到促进作用，增大打水力度。

技巧 178

▶爆发力强化：爆发力上台阶

等级 ★★★☆☆

⏱时间 30秒

右腿屈膝放在跳箱上，左腿伸直支撑于地面，双臂屈肘，左臂前摆，右臂后摆，双手握拳。将弹力带中间绕过腰部，两端固定在身后等高的物体上。

右腿发力快速向上伸直，身体随之向上移动，同时左腿上提并向前屈膝至大腿与地面平行，双臂也随之反向摆动。

扫一扫，看视频

💡 小提示

爆发力上台阶可以锻炼臀部、大腿及核心肌群。运动过程中，保持核心收紧，背部平直。有节奏地进行练习，上台阶时呼气，恢复时吸气。

左腿收回落下，回到起始姿势，重复练习。

体能训练

等级
★★★☆☆
⏱时间 30秒

▶ **爆发力强化：栏架双腿跳**

扫一扫，看视频

双脚分开，与肩同宽，背部平直，腹部收紧，站于栏架一侧，双臂尽量向上伸直。

双腿屈髋屈膝，躯干前倾，双臂摆向身后，然后再快速向前朝头顶方向摆动，躯干也随之向上直立，双脚蹬地发力，跳过栏架，腾空的同时身体旋转90度，落地时注意缓冲，双腿屈髋屈膝，双臂摆向身后，保持该姿势片刻。

💡 **小提示**

初学者练习时，注意缓冲姿势，不要直腿落地，且落地时膝关节不要内扣。

回到起始姿势，重复练习。位于栏架另一侧时，动作要领一致。

技巧
180

▶ **爆发力强化：弹力带爆发力前推**

等级
★★★☆☆

🕐时间　30秒

双脚分开，与肩同宽，背部平直，腹部收紧，双手分别紧握两根弹力带的一端，另一端固定在身后的物体上，双臂向上抬起至与地面平行，屈肘90度，使弹力带保持一定的张力。

胸部发力，双臂快速向前伸直，双手拉伸弹力带，拉伸的过程中，手臂和弹力带始终与地面保持平行，身体姿势不变。

回到起始姿势，重复练习。

扫一扫，看视频

💡 **小提示**

全程核心收紧，注意动作的连贯性。

编者简介

李鑫

北京体育大学运动训练专业（游泳）学士，北京工业大学企业管理硕士；北京工业大学体育部副主任；北京市大学生体育协会游泳分会常务副会长；中国体育用品联合会学校体育工作委员会理事；国家体育总局游泳、救生员社会体育指导员考评员、培训师；北京工业大学游泳队教练，游泳队学生多次获得世界大学生运动会冠军，全国大学生游泳比赛个人冠军及团体冠军；获国际奥委会主席、北京奥委会主席颁发荣誉证书，中国大学生体育协会游泳分会"先进个人""优秀教练员"，北京市教育委员会"突出贡献奖"，主持北京市人才强教计划《高水平运动队管理系统》项目，参与国家社会科学基金项目《我国大中小学运动技能等级评价体系研究》、教育部人文社会科学研究项目《体育竞赛中越轨行为及其法律控制研究》等；参编北京市精品教材《大学体育》《游泳课堂》《大学体育运动技能等级标准解读与达标》《中学体育运动技能等级标准解读与达标》《小学体育运动技能等级标准解读与达标》等；在《北京体育大学学报》《中国市场》等刊物发表学术论文多篇。

彭永胜

清华大学文学学士，中国人民大学法学硕士。北京市育英学校游泳队总教练，中学体育教师，国家级游泳裁判员。主持、参与各类课题 3 项；参与编著《儿童青少年体质健康测试达标教学与训练指南》；在省部级期刊发表多篇论文。培养 2 名国家级游泳运动健将，多名学生考入清华大学、北京大学、卡耐基梅隆大学（美国）、上海交通大学等知名院校。曾获海淀区优秀"四有"教师、北京市体育传统项目学校游泳比赛"优秀教练"等荣誉称号。

在线视频访问说明

为了帮助读者更好地掌握动作技术，本书提供了大部分动作的演示视频，具体可通过以下步骤在线观看。

步骤1

点击微信功能菜单上的"扫一扫"（图1），扫描技术动作讲解页面上的二维码。

步骤2

扫描后直接进入视频观看页面（图2）。

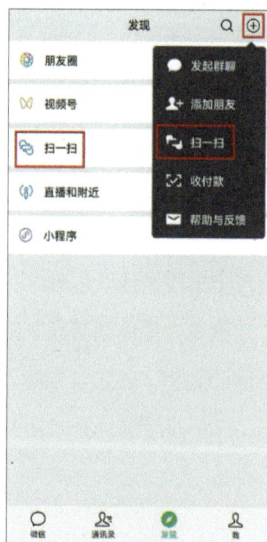

图1

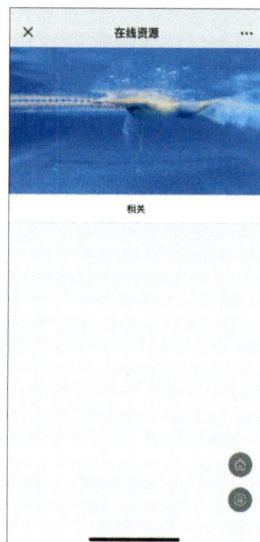

图2